Diogenes Taschenbuch 24745

Nur Geduld

*Geschichten und Gedichte
über das Warten*

Ausgewählt von Martha Schoknecht

Diogenes

Originalausgabe
Alle Rechte an dieser Ausgabe vorbehalten
Copyright © 2024
Diogenes Verlag AG Zürich
www.diogenes.ch
80/24/36/1
ISBN 978 3 257 24745 9

Inhalt

THOMAS MEYER
Von den verschiedenen Arten des Wartens

Vom Warten als Kind

Bekommt ein kleines Kind zu hören, dass sein Spiel angesichts der vorgerückten Stunde und seiner müden Äuglein unterbrochen werden müsse, ist ihm der Hinweis darauf, dass es »morgen« weiterspielen könne, kein Trost. Es will *jetzt* spielen; *später* und *morgen* sind für ihn abstrakte und damit unbrauchbare Begriffe, die es gleichsetzt mit »nie wieder spielen«. Also kullern Tränen aus den müden Äuglein, und Eltern, die sich darüber wundern oder gar echauffieren, vergessen, dass sie zu zahlreichen Gelegenheiten genau gleich empfinden. Und nicht viel souveräner reagieren.

Vom Warten als Jugendlicher

Während ein Kind sich mit sehr einfachen, greifbaren Wünschen befasst, quälen den Jugendlichen Absichten weit epochalerer Dimensionen: Er will tun können, was ihm beliebt, mit wem es ihm beliebt und an den Orten, von denen ihn seine Erzieher fernhalten wollen, während er wiederum sich von diesen zu distanzieren versucht. Ihn dürstet nach

Selbstbestimmung, einem eigenen Zuhause und eigenem Vermögen. Doch er hockt immer noch in seinem beschissenen Kinderzimmer, was für ein Hohn, und ist von der Gunst zweier verknöcherter Idioten abhängig, die nicht die geringste Ahnung haben, wer er ist, aber dennoch zu wissen glauben, was gut sei für ihn. Verzweifelt wartet er auf die Mündigkeit, und das wird noch eine ganze Weile andauern. Kein Wunder, straft er die Welt mit mürrischen Blicken. Erst viel später wird ihm aufgehen, dass die so geschmähten Stunden die letzten der Sorglosigkeit gewesen sind.

Vom Warten des jungen Mannes

Hat der junge Mann endlich seine eigene Wohnung bezogen, verfolgt er praktisch nur noch ein einziges Ziel: junge Frauen dorthin einzuladen. Die aber scheinen ganz andere Pläne zu haben, wovon der ärgerlichste darin besteht, sich von *anderen* Männern nach Hause einladen zu lassen. Oft sitzt der junge Mann daher verdrossen auf dem wahlweise alten, billigen oder nicht vorhandenen Sofa, das die Wohnung dieser Lebensphase kennzeichnet, und wartet auf das erquickliche Bad in der Weiblichkeit, zumal ohne irgendeine Ahnung zu haben, wann er zugelassen werden wird. Oder ob überhaupt jemals. Am schlimmsten drängen diese Fragen natürlich direkt nach der letzten Zusammenkunft mit einer Frau. Das Mittel der Wahl, die Wartezeit und die damit verbundenen Empfindungen zu vertreiben, besteht aus alkoholischen Getränken, die im Kreise von Leidensgenossen verabreicht werden.

Vom Warten der jungen Frau

Junge Frauen befinden sich bereits ab einem vergleichsweise geringen Grad der Attraktivität in der vermeintlich glücklichen Lage, auf nur wenige Dinge warten zu müssen – die meisten ihrer Wünsche werden sofort nach der Verkündung von Männern sozusagen aller Altersklassen erfüllt. Dieser Zuspruch erfüllt junge Frauen mit der gefährlichen Gewissheit, *eben doch* eine Prinzessin zu sein, woraus sie eine profunde Anspruchshaltung ableiten. Herren, die diese bedienen, werden – allerdings weder zwingend noch regelmäßig, um keine Sicherheitsgefühle aufkommen zu lassen – mit ihrer Gunst belohnt. Dieses Spiel funktioniert prima, solange man davon absieht, sie in irgendeiner Art zurückzuweisen, oder nicht den Fehler begeht, ihre edle Herkunft in Frage zu stellen und ihnen zu eröffnen, dass sie ganz gewöhnliche Menschen seien und auch für sie gewisse Spielregeln gälten. Hei, da feuern ihre schönen Augen tödliche Blitze ab; da schießen aus ihren hübschen Mündern kriegerische Worte! Und alles nur, weil sie nie auf etwas haben warten müssen.

Vom Warten auf die Rückkehr des Gesprächspartners

Begibt sich der Mensch, mit dem man den Abend in einem Lokal verbringt, zum Abort, steht dem Zurückgebliebenen eine kleine Wartezeit bevor, bis die Unterhaltung fortgesetzt werden kann. Früher, als es noch keine Smartphones gegeben hatte, lehnte man sich in solchen Momenten in seinem

Stuhl zurück und überlegte sich eine raffinierte Replik auf etwas zuvor Gesagtes oder studierte die Damen, die an den anderen Tischen im Raum umworben wurden, und stellte ebenso entsetzt wie amüsiert fest, was für einen kläglichen Eindruck ihre aufgeregten, von kühlen, prüfenden Blicken bedachten Verehrer abgaben. Heute bekommt man davon nichts mehr mit. Nachdem der Toilettengänger sich erhoben und abgewandt hat, vergehen keine drei Sekunden, bis der Wartende sein Telefon in die Hand nimmt, um nachzusehen, wie die Welt ohne ihn in der Zwischenzeit so zurechtgekommen sei. Ganz gut, wie er feststellt. Er muss eingreifen! Rasch kommentiert er ein paar *Social*-Beiträge und verfasst einen eigenen, bebildert vielleicht mit seinem halbverzehrten Abendessen. Naht der Rückkehrer, lässt er sein Telefon mit einem seltsam schlechten Gewissen zurück in die Tasche gleiten. Er schämt sich für seine Handysucht, die man auch die krankhafte Unlust zum Warten nennen könnte. Doch wozu? Sie ist längst kollektiv geworden.

Vom Warten auf den richtigen Partner

Jeder von uns, selbst der schrulligste aller Einzelgänger, wünscht sich, mit einem anderen Menschen intim verbunden zu sein, und zwar mit einem, der zu ihm passt. In der Beurteilung dieser Frage walten jedoch oft wunderliche Entscheidungskriterien, die uns von einem hübschen Gesicht auf einen guten Charakter schließen lassen. So reihen wir Enttäuschung an Enttäuschung, weil wir lieber die Gesichter ersetzen als die Kriterien. Eines Tages stellen wir aber erleichtert fest, dass wir weder beziehungsunfähig noch masochistisch, noch von karmischem Pech verfolgt sind, sondern dass wir schlicht noch nicht auf den Menschen getroffen sind, der zu uns passt, und wir halt eben auf ihn warten müssen. Und auch, dass es nicht sonderlich klug ist, diese Zeit mit billigen Affären zu vertreiben, da diese nur das Warten verlängern, auch wenn sie vorgeben, es zu versüßen. Eines Tages steht er dann da, dieser Mensch, der zu uns gehört und mit dem wir uns auf Anhieb verstehen. Mit dem es keine Fragen mehr gibt, nur noch Antworten. Nun verstehen wir ihn, den Satz von den guten Dingen, die zu denen kommen, die warten. Und dass damit kein Herumhocken gemeint ist, sondern das Schauen und das Lernen und das Verstehen.

Vom falschen Warten

Am Ende seines Lebens blickt der Mensch, so ihm dies vergönnt ist, zurück, und manch einer wird dabei traurig, weil er so viel Unerfülltes und Verpasstes erblickt und sich darob wünscht, das Leben sei bald vorbei oder möge noch einmal von vorn beginnen, was letztlich derselbe Wunsch ist. Nebst dem richtigen Warten gibt es auch das falsche; das Warten auf etwas, das nie eintreffen wird. Dass der Mensch, der nicht zu einem passt, plötzlich zu einem passen wird. Oder dass der richtige Moment komme, die unglückliche Beziehung zu beenden oder aus einem Beruf auszusteigen, der nichts, aber auch gar nichts mit den Qualitäten des Menschen zu tun hat, der ihn ausübt, und diese dabei verkümmern lässt.

Vom Warten auf eine bessere Welt

Faszinierenderweise sind wir endlos geduldig, wo Geduld überhaupt nicht angebracht ist, aber nicht bereit, auch nur eine Woche zu warten, wo Langmut uns mit reichem Segen belohnen und überdies vor mancher Enttäuschung bewahren würde. Besitzen wollen wir alles immer sofort, aber wenn es um unsere wahre Zufriedenheit geht, glauben wir, alle Zeit der Welt zu haben. Mit unserer Toleranz verhält es sich genau gleich: Aus Desinteresse und Feigheit dulden wir alle möglichen Missstände um uns herum, werden aber sofort ausfällig, wenn jemand auf andere Weise als wir denkt, spricht oder liebt. All das lässt auf eine Zukunft hoffen und damit warten, in der die Dinge in Balance stehen. Sie beginnt, wenn wir uns im Klaren darüber sind, worauf es sich zu warten lohnt, und tatsächlich warten. Und ansonsten keine Zeit verlieren.

LEO TOLSTOI

Der Antrag

Sehen Sie nur, was für eine Nacht!«, rief er aus dem
Salon, wo er an der zum Garten hin geöffneten Bal-
kontür stand. Wir traten zu ihm, und wahrhaftig, es war
eine Nacht, wie ich sie seither nie wieder gesehen habe. Der
Vollmond stand hinter uns über dem Haus, so dass er nicht
zu sehen war, und die Hälfte des Schattens, den das Dach,
die Säulen und die Markise der Veranda warfen, lag schräg
gegenüber *en raccourci* auf dem Sandweg und dem Rasen-
rondell. Alles andere war hell und vom Silber des Taus und
des Mondlichts übergossen. Der breite blumengesäumte
Weg, auf den vom einen Rand her schräg die Schatten der
Georginen und der Stützstreben fielen, lag mit funkelndem
Kies bestreut im hellen, kalten Licht und verlor sich im
Nebel und in der Ferne. Hinter den Bäumen leuchtete das
helle Dach der Orangerie, und von der Schlucht stieg Nebel auf, der immer dichter wurde. Die Fliedersträuche, die
teilweise schon ihre Blätter verloren hatten, waren hell bis
ins Geäst hinein. Jede einzelne taubenetzte Blume konnte
man von der anderen unterscheiden. Licht und Schatten
flossen in den Alleen in eins, so dass diese nicht als Bäume
und Wege erschienen, sondern als durchsichtige, sich sanft
wiegende, schwankende Häuser. Rechter Hand, im Schatten des Hauses, war alles schwarz, ununterscheidbar und

unheimlich. Umso heller trat dafür aus dieser Finsternis der bizarr geformte, weit ausgreifende Wipfel einer Pappel hervor, die oben in grelles Licht getaucht war und eigenartigerweise hier nah am Haus stehenblieb, anstatt davonzufliegen, irgendwohin weit weg, in den unendlichen, dunkelblau schimmernden Himmel.

»Wir wollen noch ein wenig spazieren gehen«, schlug ich vor.

Katja war einverstanden, sagte aber, ich solle Galoschen anziehen.

»Das ist nicht notwendig, Katja«, widersprach ich, »Sergej Michajlyč wird mir den Arm reichen.«

Als hätte das verhindern können, dass ich nasse Füße bekam! Doch damals erschien es uns allen dreien einleuchtend und keineswegs seltsam. Er hatte mir noch nie zuvor den Arm gereicht, doch jetzt ergriff ich ihn selbst, und er fand das nicht sonderbar. Wir gingen alle drei von der Veranda in den Garten hinunter. Diese ganze Welt, dieser Himmel, dieser Garten, diese Luft waren nicht die, die ich kannte.

Als ich die Allee hinunterblickte, über die wir gingen, wollte mir scheinen, als könne man nicht weitergehen, als würde die Welt des Möglichen dort vorn enden, als müsse das alles auf ewig gefesselt in seiner Schönheit liegen. Doch wir gingen weiter, und eine Zauberwand der Schönheit tat sich auf, um uns einzulassen, und dahinter schienen sich unser vertrauter Garten, die Bäume, die Wege, das trockene Laub zu befinden. Wir gingen wahrhaftig über diese Wege, traten auf Kreise von Licht und Schatten, unter den Füßen raschelte wirklich das trockene Laub, und ein kühler Zweig streifte mir durchs Gesicht. Und es war wahrhaftig er, der gleichmäßig und ruhig ausschreitend neben mir herging und vorsichtig meinen Arm hielt, und es war wahrhaftig Katja, die mit knarrenden Schuhen neben uns ging. Und es musste wohl auch der Mond am Himmel sein, der zwischen den reglosen Zweigen hindurch auf uns herunterschien …

Doch mit jedem Schritt schloss sich die Zauberwand wieder vor uns und hinter uns, und ich glaubte nicht mehr daran, dass man noch weitergehen konnte, glaubte nicht mehr an all das, was war.

»Ach! Ein Frosch!«, rief Katja.

»Wer sagt das? Und warum?«, überlegte ich. Doch dann fiel mir ein, dass es Katja war, dass sie Angst vor Fröschen hatte, und ich blickte nach unten. Ein winziger Frosch sprang hoch, blieb reglos vor mir sitzen und warf einen kleinen Schatten auf den hellen Lehm des Weges.

»Haben Sie denn keine Angst?«, fragte er.

Ich sah mich zu ihm um. An der Stelle, wo wir standen, fehlte eine Linde in der Allee, und ich konnte sein Gesicht deutlich erkennen. Es war so wunderschön und glücklich …

Er fragte: »Haben Sie keine Angst?«, aber ich hörte ihn sagen: »Ich liebe dich, mein liebes Mädchen!« »Ich liebe dich! Ich liebe dich!«, wiederholte sein Blick, sein Arm; und das Licht, der Schatten, die Luft, alles sagte dasselbe.

Wir spazierten um den ganzen Garten herum. Schwer atmend vor Erschöpfung, trippelte Katja mit ihren kleinen Schritten neben uns her. Sie sagte, es sei an der Zeit zurückzukehren, und sie tat mir leid, so leid, die Ärmste. »Warum empfindet sie nicht das Gleiche wie wir?«, dachte ich. »Warum sind nicht alle jung und glücklich, wie diese Nacht, wie er und ich?«

Wir kehrten nach Hause zurück, und er blieb noch lange da, ungeachtet dessen, dass die Hähne krähten, dass im Haus alles schlief und sein Pferd unter dem Fenster immer öfter und öfter schnaubte und mit dem Huf gegen die Kletten schlug. Katja gemahnte uns nicht daran, dass es schon spät war, und wir saßen noch immer da, ohne es zu merken, dass zwei Uhr morgens schon vorbei war, und plauderten über die allerbanalsten Dinge. Der Hahn krähte schon zum dritten Mal, und die Morgenröte zog auf, als er davonfuhr. Er verabschiedete sich wie gewöhnlich, ohne etwas Besonderes zu sagen; doch ich wusste, dass er vom heutigen Tage an mein war und ich ihn nicht mehr verlieren würde. Kaum hatte ich mir eingestanden, dass ich ihn liebte, erzählte ich alles Katja. Sie war freudig bewegt von dem, was ich ihr erzählte, doch die Ärmste konnte in dieser Nacht trotzdem schlafen, während ich noch lange, lange auf der Veranda umherging, mir jedes Wort, jede Geste in Erinnerung rief, um dann in den Garten hinunter und über dieselben Alleen zu gehen, über die ich mit ihm spaziert war. Ich schlief die ganze Nacht nicht und erlebte zum ersten Mal in meinem Leben den Sonnenaufgang und den frühen Morgen. Nie wieder habe ich eine solche Nacht, einen solchen Morgen erlebt. »Warum nur sagt er nicht einfach, dass er mich liebt?«, fragte ich mich. »Warum erfindet er irgendwelche Hindernisse, warum nennt er sich einen alten Mann, wenn doch alles so einfach und schön ist? Warum vergeudet er die goldene Zeit, die vielleicht niemals wiederkehrt? Er soll sagen: ›Ich liebe dich‹, er soll es mit diesen Worten sagen:

›Ich liebe dich‹, er soll meine Hand in die seine nehmen, seinen Kopf darüber neigen und sagen: ›Ich liebe dich.‹ Er soll erröten, den Blick vor mir niederschlagen, dann will ich ihm alles sagen. Ich werde nichts sagen, ich werde ihn umarmen, mich an ihn schmiegen und anfangen zu weinen. Was aber, wenn ich mich täusche, wenn er mich doch nicht liebt?«, kam es mir plötzlich in den Sinn.

Ich erschrak vor meinem Gefühl, weiß Gott, wohin es mich führen könnte, unser beider Verlegenheit, als ich zu ihm in den Garten hinuntergesprungen war, fiel mir wieder ein, und mir wurde schwer, ganz schwer ums Herz. Tränen strömten mir aus den Augen, und ich begann zu beten. Da kam mir ein seltsamer, tröstlicher Gedanke, und ich schöpfte Hoffnung. Ich beschloss, mich von heute an durch Fasten und Kirchbesuch auf das Abendmahl vorzubereiten, an meinem Geburtstag die heilige Kommunion zu empfangen und an demselben Tag seine Braut zu werden.

Weshalb, warum und wie das zugehen sollte, wusste ich nicht, doch von jenem Moment an glaubte und wusste ich, dass es so sein würde. Es war bereits ganz hell, und die Leute standen allmählich auf, als ich in mein Zimmer zurückkehrte.

Es war während der Fasten um Mariä Entschlafung, daher wunderte sich niemand im Haus über meine Absicht, mich in dieser Zeit auf das Abendmahl vorzubereiten.

Die ganze Woche über kam er kein einziges Mal zu uns, doch weder wunderte ich mich darüber, noch war ich besorgt oder böse auf ihn; im Gegenteil, ich war froh, dass er nicht kam, und erwartete ihn erst zu meinem Geburtstag.

Während der ganzen Woche stand ich jeden Tag früh auf und spazierte, während das Pferd angespannt wurde, allein im Garten umher, um im Geiste die Sünden des vergangenen Tages durchzugehen und zu überlegen, was ich heute würde tun müssen, um mit meinem Tag zufrieden zu sein und kein einziges Mal zu sündigen. Damals erschien es mir so leicht, vollkommen ohne Sünde zu sein. Es kam mir vor, als müsste ich mir nur ein wenig Mühe geben.

An meinem Geburtstag empfing ich das heilige Abendmahl, wie ich es beabsichtigt hatte. Als ich an jenem Tag aus der Kirche heimkehrte, empfand ich ein so vollkommenes Glück in meinem Herzen, dass ich mich vor dem Leben fürchtete, vor jedem Eindruck, vor allem, was dieses Glück zerstören könnte. Doch kaum waren wir aus dem Wagen gestiegen und auf die Freitreppe getreten, als ein wohlbekanntes Kabriolett über die Brücke gerattert kam und ich Sergej Michajlyč erblickte. Er gratulierte mir, und wir gingen gemeinsam in den Salon. Solange ich ihn kannte, war ich ihm gegenüber niemals so gelassen und selbstsicher aufgetreten wie an diesem Morgen. Ich spürte eine ganze neue Welt in mir, die er nicht begriff, die über ihm stand. Ich verspürte ihm gegenüber nicht mehr die leiseste Befangenheit. Er muss den Grund dafür wohl erkannt haben und verhielt sich mir gegenüber besonders freundlich, sanftmütig und mit feierlichem Respekt. Ich wollte zum Klavier gehen, doch er verschloss es und steckte den Schlüssel in die Tasche.

»Verderben Sie sich Ihre Stimmung nicht«, sagte er. »In Ihrer Seele erklingt jetzt eine Musik, die schöner ist als alle Musik der Welt.«

Ich war ihm dankbar dafür, und gleichzeitig war es mir ein wenig unangenehm, dass er so allzu leicht und deutlich alles erfasste, was doch vor allen anderen in meiner Seele verborgen sein sollte. Beim Mittagessen erklärte er, er sei gekommen, um mir zu gratulieren und gleichzeitig Abschied zu nehmen, weil er am nächsten Tag nach Moskau abreisen würde. Bei diesen Worten sah er Katja an; aber dann warf er mir einen flüchtigen Blick zu, und ich erkannte, dass er in meiner Miene eine Gefühlsaufwallung zu entdecken befürchtete. Doch ich war weder erstaunt noch beunruhigt und fragte nicht einmal, ob er lange fortbleiben würde. Ich hatte vorher gewusst, dass er das sagen würde, und ich wusste auch, dass er nicht wegfahren würde. Wie konnte ich das wissen? Heute vermag ich es mir überhaupt nicht mehr zu erklären; an jenem denkwürdigen Tag aber schien mir, ich wüsste alles, was geschehen war und was geschehen würde. Ich war wie in einem glücklichen Traum, in dem es einem vorkommt, alles, was geschieht, sei schon einmal geschehen, als wüsste ich das alles seit langem, als würde das alles noch geschehen und als wüsste ich, dass es geschehen würde.

Er hatte sogleich nach dem Mittagessen aufbrechen wollen, doch Katja, die vom Hochamt müde war, hatte sich hingelegt, und er musste warten, bis sie aufwachen würde, um sich von ihr zu verabschieden. Die Sonne schien in den Saal, und wir traten hinaus auf die Veranda. Kaum hatten wir uns hingesetzt, hob ich vollkommen gelassen über das zu sprechen an, was das Schicksal meiner Liebe entscheiden sollte. Nicht früher und nicht später begann ich zu sprechen, sondern in dem Augenblick, als wir uns hingesetzt hatten und als zuvor noch nichts gesagt worden war, so dass das Gespräch noch keinen Ton, keinen Charakter hatte, der das, was ich sagen wollte, hätte stören können. Ich verstehe selbst nicht, woher ich diese Gelassenheit, die Entschlossenheit und die Genauigkeit im Ausdruck nahm. Als sei es nicht ich gewesen, die da sprach, sondern etwas von meinem Willen Unabhängiges in mir. Er saß mir gegenüber, hatte den Ellbogen auf das Geländer gestützt und einen Fliederzweig zu sich herangezogen, von dem er Blätter abrupfte. Als ich zu sprechen begann, ließ er den Zweig los und stützte den Kopf in die Hand. Das konnte die Haltung eines vollkommen gelassenen oder eines sehr aufgeregten Menschen sein.

»Warum fahren Sie weg?«, fragte ich bedeutsam, wobei ich jedes Wort einzeln betonte und ihn direkt ansah.

Er antwortete nicht sofort.

»Geschäfte!«, sagte er schließlich mit gesenktem Blick.

Ich begriff, wie schwer es ihm fiel, mich zu belügen, noch dazu angesichts einer so aufrichtig gestellten Frage.

»Hören Sie«, sagte ich, »Sie wissen, was für ein Tag heute ist. In vieler Hinsicht ist dieser Tag für mich sehr wichtig. Wenn ich Sie frage, dann nicht, um mein Interesse zu bekunden (Sie wissen, dass ich an Sie gewöhnt bin und Sie gernhabe), sondern weil ich es wissen muss. Warum fahren Sie weg?«

»Es ist sehr schwer für mich, Ihnen wahrheitsgemäß zu sagen, warum ich fahre«, antwortete er. »Ich habe in dieser Woche viel über Sie und mich nachgedacht und beschlossen, dass ich fahren muss. Sie verstehen doch, warum? Und wenn Sie mich gernhaben, dann fragen Sie nicht weiter.«

Er fuhr sich mit der Hand über die Stirn und bedeckte die Augen. »Es fällt mir schwer … Und Sie verstehen es.«

Mein Herz begann heftig zu klopfen.

»Ich kann es nicht verstehen«, sagte ich, »*ich kann nicht*, sagen *Sie* es mir, um Gottes willen, um des heutigen Tages willen, sagen Sie es mir, ich kann alles in Ruhe anhören.«

Er setzte sich anders hin, blickte mich an und zog erneut den Fliederzweig heran.

»Nun gut«, sagte er nach einer Weile und mit einer Stimme, die vergeblich fest erscheinen wollte, »auch wenn es töricht und mit Worten nicht zu erklären ist, auch wenn es mir schwerfällt, ich werde mich bemühen, es Ihnen zu erklären«, setzte er hinzu, wobei er das Gesicht verzog, als habe er Schmerzen.

»Nun?«, fragte ich.

»Stellen Sie sich vor, da gab es einen Herrn, nennen wir ihn A«, sagte er, »ein alter, verlebter Mann, und eine Dame B, jung, glücklich, die noch nichts von der Gesellschaft und vom Leben gesehen hatte. Infolge verschiedener familiärer Beziehungen gewann er sie lieb wie eine Tochter und fürchtete nicht, sie anders zu lieben.«

Er verstummte, doch ich unterbrach ihn nicht.

»Doch er vergaß, dass B so jung war, dass das Leben für sie noch ein Spielzeug war«, fuhr er plötzlich schnell und entschlossen und ohne mich anzusehen fort, »und dass es ein Leichtes war, sie auf andere Weise liebzugewinnen, und dass ihr das Vergnügen bereiten würde. Er hatte sich also getäuscht und spürte plötzlich, dass sich ein anderes Gefühl schwer wie Reue in seine Seele schlich, und er erschrak. Er befürchtete, dass ihr früheres freundschaftliches Verhältnis auseinandergehen könnte, und beschloss wegzufahren, ehe es so weit käme.« Bei diesen Worten fuhr er sich wieder scheinbar unabsichtlich mit der Hand über die Augen und bedeckte diese.

»Warum denn fürchtete er sich, sie auf andere Weise liebzugewinnen?«, fragte ich kaum vernehmlich, meine Erregung unterdrückend, und meine Stimme klang gelassen; ihm mochte sie scherzhaft erscheinen. Er erwiderte in einem Tonfall, als sei er gekränkt:

»Sie sind jung«, sagte er, »und ich bin nicht jung. Sie wollen spielen, aber ich brauche etwas anderes. Spielen Sie, aber nicht mit mir, sonst glaube ich Ihnen noch, dann würde es mir übel ergehen, und Sie würden sich schämen. Das hat A gesagt«, setzte er hinzu. »Nun ja, das ist alles Unsinn, aber Sie verstehen, warum ich fahre. Lassen Sie uns nicht mehr davon sprechen. Bitte!«

»Nein! Nein! Wir werden davon sprechen!«, widersprach ich, und in meiner Stimme zitterten die Tränen. »Liebte er sie oder nicht?«

Er gab keine Antwort.

»Wenn er sie nicht liebte, warum hat er dann mit ihr gespielt wie mit einem Kind?«, fragte ich.

»Ja, ja, A war schuldig«, warf er hastig ein, »doch es war alles aus, und sie trennten sich … als Freunde.«

»Aber das ist entsetzlich! Und ein anderes Ende gibt es nicht?«, brachte ich mühsam heraus und erschrak vor dem, was ich sagte.

»Doch, das gibt es«, versetzte er, wobei er sein aufgewühltes Gesicht zeigte und mich direkt ansah. »Es gibt zwei verschiedene Varianten. Aber um Gottes willen unterbrechen Sie mich nicht, und versuchen Sie, mich ruhig anzuhören. Die einen sagen«, begann er und erhob sich mit einem schmerzlichen, bedrückten Lächeln, »die einen sagen, dass A den Verstand verlor, sich wahnsinnig in B verliebte und sich ihr erklärte … Sie aber lachte nur. Für sie war es ein Scherz, für ihn hingegen eine Frage des ganzen Lebens.«

Ich fuhr zusammen und wollte ihn unterbrechen, ihm sagen, dass er nicht wagen sollte, für mich zu sprechen, doch er gebot mir Einhalt und legte seine Hand auf die meine.

»Warten Sie«, sagte er mit bebender Stimme, »die anderen sagen, sie habe sich seiner erbarmt, sie habe sich eingebildet, die Ärmste, die noch nichts von der Welt gesehen hatte, dass sie ihn wahrhaftig lieben könne, und eingewilligt, seine Frau zu werden. Und er, der Wahnsinnige, hat geglaubt, geglaubt, das ganze Leben würde noch einmal von vorn beginnen, doch sie selbst sah, dass sie ihn getäuscht hatte und er sie … Wir wollen nicht mehr davon reden«, schloss er, sichtlich nicht imstande fortzufahren, und begann, stumm vor mir hin und her zu gehen.

Er hatte gesagt: »Wir wollen nicht mehr davon reden«, aber ich sah, dass er mit jeder Faser seines Herzens auf ein Wort von mir wartete. Ich wollte sprechen, doch ich konnte nicht, etwas drückte mir das Herz ab. Ich blickte ihn an, er war bleich, und seine Unterlippe zitterte. Allmählich tat er mir leid. Ich bezwang mich, brach die Macht des Schweigens, die mich gefesselt hielt, und begann unvermittelt zu sprechen, mit einer leisen, inneren Stimme, die mir, wie ich fürchtete, jeden Moment versagen könnte.

»Die dritte Variante aber«, sagte ich, um gleich wieder innezuhalten, doch er schwieg, »die dritte Variante aber ist, dass er sie nicht liebte, sondern ihr weh tat, sehr weh tat, dass er im Recht zu sein glaubte, davonfuhr und noch stolz darauf war. Für Sie, nicht für mich, für Sie ist es ein Scherz, ich habe Sie vom ersten Tag an geliebt, ich habe Sie geliebt«, wiederholte ich, und bei dem Wort »geliebt« kippte meine leise, innere Stimme unwillkürlich in einen wilden Aufschrei, der mich selbst erschreckte.

Er stand vor mir, bleich, seine Lippe zitterte immer stärker, und zwei Tränen rollten ihm über die Wange.

»Das ist schlecht!« Ich schrie beinahe in dem Gefühl, an zornigen, ungeweinten Tränen zu ersticken. »Warum?«, stieß ich hervor und wollte aufstehen, um mich von ihm abzuwenden.

Doch er ließ mich nicht. Sein Kopf lag auf meinen Knien, seine Lippen küssten meine bebenden Hände, und seine Tränen benetzten sie.

»Mein Gott, wenn ich gewusst hätte«, sprach er.

»Warum? Warum?«, fragte ich hartnäckig, und in meiner Seele war ein Glück, das auf ewig entschwunden und seither nie mehr zurückgekehrt ist.

Fünf Minuten später lief Sonja hinauf zu Katja und schrie durchs ganze Haus, Maša wolle Sergej Michajlyč heiraten.

In der Wüste

Die Gefahr, daß unsere Maschine bei der Notlandung zerschellt oder in Flammen aufgeht, war mir bewußt – ich staunte über meine Ruhe.

Ich dachte an niemand.

Alles ging sehr geschwind, wie schon gesagt, unter uns Sand, ein flaches Tal zwischen Hügeln, die felsig zu sein schienen, alles vollkommen kahl, Wüste –

Eigentlich war man nur gespannt.

Wir sanken, als läge eine Piste unter uns, ich preßte mein Gesicht ans Fenster, man sieht ja diese Pisten immer erst im letzten Augenblick, wenn schon die Bremsklappen draußen sind. Ich wunderte mich, dass die Bremsklappen nicht kommen. Unsere Maschine vermied offensichtlich jede Kurve, um nicht abzusacken, und wir flogen über die günstige Ebene hinaus, unser Schatten flog immer näher, er sauste schneller als wir, so schien es, ein grauer Fetzen auf dem rötlichen Sand, er flatterte.

Dann Felsen –

Jetzt stiegen wir wieder.

Dann, zum Glück, neuerdings Sand, aber Sand mit Agaven, beide Motoren auf Vollgas, so flogen wir minutenlang auf Haushöhe, das Fahrgestell wurde wieder eingezogen. Also Bauchlandung! Wir flogen, wie man sonst in großen

Höhen fliegt, ziemlich ruhig und ohne Fahrgestell – aber auf Haushöhe, wie gesagt, und ich wußte, es wird keine Piste kommen, trotzdem preßte ich das Gesicht ans Fenster.

Plötzlich war unser Fahrgestell neuerdings ausgeschwenkt, ohne daß eine Piste kam, dazu die Bremsklappen, man spürte es wie eine Faust gegen den Magen, Bremsen, Sinken wie im Lift, im letzten Augenblick verlor ich die Nerven, so daß die Notlandung – ich sah nur noch die flitzenden Agaven zu beiden Seiten, dann beide Hände vors Gesicht! – nichts als ein blinder Schlag war, Sturz vornüber in die Bewußtlosigkeit.

Dann Stille.

Wir hatten ein Affenschwein, kann ich nur sagen, niemand hatte auch nur eine Nottüre aufgetan, ich auch nicht, niemand rührte sich, wir hingen vornüber in unseren Gurten.

»Go on«, sagte der Captain, »go on!«

Niemand rührte sich.

»Go on!«

Zum Glück kein Feuer, man mußte den Leuten sagen, sie dürften sich abschnallen, die Türe war offen, aber es kam natürlich keine Treppe angerollt, wie man's gewohnt ist, bloß Hitze, wie wenn man einen Ofen aufmacht, Glutluft.

Ich war unverletzt.

Endlich die Strickleiter!

Man versammelte sich, ohne daß es eine Order brauchte, im Schatten unter der Tragfläche, alle stumm, als wäre Sprechen in der Wüste strengstens verboten. Unsere Super-Constellation stand etwas vornüber gekippt, nicht schlimm, nur das vordere Fahrgestell war gestaucht, weil eingesunken im Sand, nicht einmal gebrochen. Die vier Propeller-Kreuze glänzten im knallblauen Himmel, ebenso die drei Schwanz-steuer. Niemand rührte sich, wie gesagt, offenbar warteten alle, daß der Captain etwas sagte.

»Well«, sagte er, »there we are!«

Er lachte.

Ringsum nichts als Agaven, Sand, die rötlichen Gebirge in der Ferne, ferner, als man vorher geschätzt hat, vor allem Sand und nochmals Sand, gelblich, das Flimmern der hei-ßen Luft darüber, Luft wie flüssiges Glas. –

Zeit: 11.05 Uhr.

Ich zog meine Uhr auf –

Die Besatzung holte Wolldecken heraus, um die Pneus vor der Sonne zu schützen, während wir in unseren grünen Schwimmwesten umherstanden, untätig. Ich weiß nicht, warum niemand die Schwimmweste auszog.

Unser Aufenthalt in der Wüste von Tamaulipas, Mexico, dauerte vier Tage und drei Nächte, total 85 Stunden, wor-über es wenig zu berichten gibt – ein grandioses Erlebnis (wie jedermann zu erwarten scheint, wenn ich davon spre-che) war es nicht. Dazu viel zu heiß! Natürlich dachte ich auch sofort an den Disney-Film, der ja grandios war, und nahm sofort meine Kamera; aber von Sensation nicht die Spur, ab und zu eine Eidechse, die mich erschreckte, eine Art von Sandspinnen, das war alles.

Es blieb uns nichts als Warten.

Das Erste, was ich in der Wüste von Tamaulipas tat: ich stellte mich dem Düsseldorfer vor, denn er interessierte sich für meine Kamera, ich erläuterte ihm meine Optik.

Andere lasen.

Zum Glück, wie sich bald herausstellte, spielte er auch Schach, und da ich stets mit meinem Steck-Schach reise, waren wir gerettet; er organisierte sofort zwei leere Coca-Cola-Kistchen, wir setzten uns abseits, um das allgemeine Gerede nicht hören zu müssen, in den Schatten unter dem Schwanzsteuer – kleiderlos, bloß in Schuhen (wegen der Hitze des Sandes) und in Jockey-Unterhosen.

Unser Nachmittag verging im Nu.

Kurz vor Einbruch der Dämmerung erschien ein Flugzeug, Militär, es kreiste lange über uns, ohne etwas abzuwerfen, und verschwand (was ich gefilmt habe) gegen Norden, Richtung Monterrey.

Abendessen: ein Käse-Sandwich, eine halbe Banane.

Ich schätze das Schach, weil man stundenlang nichts zu reden braucht. Man braucht nicht einmal zu hören, wenn der andere redet. Man blickt auf das Brett, und es ist keineswegs unhöflich, wenn man kein Bedürfnis nach persönlicher Bekanntschaft zeigt, sondern mit ganzem Ernst bei der Sache ist –

»Sie sind am Zug!«, sagte er –

Die Entdeckung, dass er Joachim, meinen Freund, der seit mindestens zwanzig Jahren einfach verstummt war, nicht nur kennt, sondern daß er geradezu sein Bruder ist, ergab sich durch Zufall … Als der Mond aufging (was ich ebenfalls gefilmt habe) zwischen schwarzen Agaven am Horizont, hätte man noch immer Schach spielen können, so hell war es, aber plötzlich zu kalt; wir waren hinausgestapft, um eine Zigarette zu rauchen, hinaus in den Sand, wo ich gestand, daß ich mir aus Landschaften nichts mache, geschweige denn aus einer Wüste.

»Das ist nicht Ihr Ernst!« sagte er.

Er fand es ein Erlebnis.

»Gehen wir schlafen!« sagte ich, »– Hotel Super-Con-stellation, Holiday Inn Desert With All Accommodations!«

Ich fand es kalt.

Ich habe mich schon oft gefragt, was die Leute eigentlich meinen, wenn sie von Erlebnis reden. Ich bin Techniker und gewohnt, die Dinge zu sehen, wie sie sind. Ich sehe alles, wovon sie reden, sehr genau; ich bin ja nicht blind. Ich sehe den Mond über der Wüste von Tamaulipas – klarer als je, mag sein, aber eine errechenbare Masse, die um unseren Planeten kreist, eine Sache der Gravitation, interessant, aber wieso ein Erlebnis? Ich sehe die gezackten Felsen, schwarz vor dem Schein des Mondes; sie sehen aus, mag sein, wie die gezackten Rücken von urweltlichen Tieren, aber ich weiß: Es sind Felsen, Gestein, wahrscheinlich vulkanisch, das müsste man nachsehen und feststellen. Wozu soll ich mich fürchten? Es gibt keine urweltlichen Tiere mehr. Wozu sollte ich sie mir einbilden? Ich sehe auch keine versteinerten Engel, es tut mir leid; auch keine Dämonen, ich sehe, was ich sehe: die üblichen Formen der Erosion, dazu meinen langen Schatten auf dem Sand, aber keine Gespenster. Wozu weibisch werden? Ich sehe auch keine Sintflut, sondern Sand, vom Mond beschienen, vom Wind gewellt wie Wasser, was mich nicht überrascht; ich finde es nicht fantastisch, sondern erklärlich. Ich weiß nicht, wie verdammte Seelen aussehen; vielleicht wie schwarze Agaven in der nächtlichen Wüste. Was ich sehe, das sind Agaven, eine Pflanze, die ein einziges Mal blüht und dann abstirbt. Ferner weiß ich, daß ich nicht (wenn es im Augenblick auch so aussieht) der erste oder letzte Mensch auf der Erde bin; und ich kann mich von der bloßen Vorstellung, der letzte Mensch zu sein, nicht erschüttern lassen, denn es ist nicht so. Wozu hysterisch sein? Gebirge sind Gebirge, auch wenn sie in gewisser Beleuchtung, mag sein, wie irgend etwas anderes aussehen, es ist aber die Sierra Madre Oriental, und wir stehen nicht in einem Totenreich, sondern in der Wüste von Tamaulipas, Mexico, ungefähr sechzig Meilen von der nächsten Straße entfernt, was peinlich ist, aber wieso ein Erlebnis? Ein Flugzeug ist für mich ein Flugzeug, ich sehe keinen ausgestorbenen Vogel dabei, sondern eine Super-Constellation mit Motor-Defekt, nichts weiter, und da kann der Mond sie bescheinen, wie er will. Warum soll ich erleben, was gar nicht ist? Ich kann mich auch nicht entschließen, etwas wie die Ewigkeit zu hören; ich höre gar nichts, ausgenommen das Rieseln von Sand nach jedem Schritt. Ich schlottere, aber ich weiß: in sieben bis acht Stunden kommt wieder die Sonne. Ende der Welt, wieso? Ich kann mir keinen Unsinn einbilden, bloß um etwas zu erleben. Ich sehe den Sand-Horizont, weißlich in der grünen Nacht, schätzungsweise zwanzig Meilen von hier, und ich sehe nicht ein, wieso dort, Richtung Tampico, das Jenseits beginnen soll. Ich kenne Tampico. Ich weigere mich, Angst zu haben aus bloßer Fantasie, beziehungsweise fantastisch zu werden aus bloßer Angst, geradezu mystisch.

»Kommen Sie!« sagte ich.

Herbert stand und erlebte noch immer.

»Übrigens«, sagte ich, »sind Sie irgendwie verwandt mit einem Joachim Hencke, der einmal in Zürich studiert hat?« Es kam mir ganz plötzlich, als wir so standen, die Hände in den Hosentaschen, den Rockkragen heraufgestülpt; wir wollten gerade in die Kabine steigen.

»Joachim?« sagte er, »das ist mein Bruder.«

»Nein!« sagte ich –

»Ja«, sagte er, »natürlich – ich erzählte Ihnen doch, daß ich meinen Bruder in Guatemala besuche.«

Wir mußten lachen. »Wie klein die Welt ist!«

Die Nächte verbrachte man in der Kabine, schlotternd in Mantel und Wolldecken; die Besatzung kochte Tee, solange Wasser vorhanden.

»Wie geht's ihm denn?« fragte ich. »Seit zwanzig Jahren habe ich nichts mehr von ihm gehört.«

»Danke«, sagte er, »danke –«

»Damals«, sagte ich, »waren wir sehr befreundet «

Was ich erfuhr, war so das Übliche: Heirat, ein Kind (was ich offenbar überhört habe; sonst hätte ich mich nicht später danach erkundigt), dann Krieg, Gefangenschaft, Heimkehr nach Düsseldorf und so fort, ich staunte, wie die Zeit vergeht, wie man älter wird.

»Wir sind besorgt«, sagte er –

»Wieso?«

»Er ist der einzige Weiße da unten«, sagte er, »seit zwei Monaten keinerlei Nachrichten –« Er berichtete.

Die meisten Passagiere schliefen schon, man mußte flüstern, das große Licht in der Kabine war lange schon gelöscht, um die Batterie zu schonen, war man gebeten, auch das kleine Lämpchen über dem Sitz auszuknipsen; es war dunkel, nur draußen die Helligkeit des Sandes, die Tragflächen im Mondlicht, glänzend, kalt.

»Wieso Revolte?« fragte ich.

Ich beruhigte ihn.

»Wieso Revolte?« sagte ich, »vielleicht sind seine Briefe einfach verloren gegangen –«

Jemand bat uns, endlich zu schweigen.

Zweiundvierzig Passagiere in einer Super-Constellation, die nicht fliegt, sondern in der Wüste steht, ein Flugzeug mit Wolldecken um die Motoren (um sie vor Sand zu schützen) und mit Wolldecken um jeden Pneu, die Passagiere genau so, wie wenn man fliegt, in ihren Sesseln schlafend mit schrägen Köpfen und meistens offenen Mündern, aber dazu Totenstille, draußen die vier blanken Propeller-Kreuze, der weißliche Mondglanz auch auf den Tragflächen, alles reglos – es war ein komischer Anblick.

Jemand redete im Traum –

Beim Erwachen am Morgen, als ich zum Fensterchen hinausschaute und den Sand sah, die Nähe des Sandes, erschrak ich eine Sekunde lang, unnötigerweise.

Herbert las wieder ein rororo.

Ich nahm mein Kalenderchen:

27 III. Montage in Caracas!

Zum Frühstück gab es Juice, dazu zwei Biscuits, dazu Versicherungen, dass Lebensmittel unterwegs sind, Getränke auch, kein Grund zu Besorgnis – sie hätten besser nichts gesagt; denn so wartete man natürlich den ganzen Tag auf Motorengeräusch.

Wieder eine Irrsinnshitze!

In der Kabine war's noch heißer –

Was man hörte: Wind, dann und wann Pfiffe von Sandmäusen, die man allerdings nicht sah, das Rascheln einer Eidechse, vor allem ein steter Wind, der den Sand nicht aufwirbelte, wie gesagt, aber rieseln ließ, so daß unsere Tritt-spuren immer wieder gelöscht waren; immer wieder sah es aus, als wäre niemand hier gewesen, keine Gesellschaft von zweiundvierzig Passagieren und fünf Leuten der Besatzung.

Ich wollte mich rasieren –

Zu filmen gab es überhaupt nichts.

Ich fühle mich nicht wohl, wenn unrasiert; nicht we-gen der Leute, sondern meinetwegen. Ich habe dann das Gefühl, ich werde etwas wie eine Pflanze, wenn ich nicht rasiert bin, und ich greife unwillkürlich an mein Kinn. Ich holte meinen Apparat und versuchte alles Mögliche, bezie-hungsweise Unmögliche, denn ohne elektrischen Strom ist mit diesem Apparat ja nichts zu machen, das weiß ich – das war es ja, was mich nervös machte: daß es in der Wüste keinen Strom gibt, kein Telefon, keinen Stecker, nichts.

Einmal, mittags, hörte man Motoren.

Alle, außer Herbert und mir, standen draußen in der brütenden Sonne, um Ausschau zu halten in dem violetten Himmel über dem gelblichen Sand und den grauen Disteln und den rötlichen Gebirgen, es war nur ein dünnes Sum-men, eine gewöhnliche DC-7, die da in großer Höhe glänzte, im Widerschein weiß wie Schnee, Kurs auf Mexico-City, wo wir gestern um diese Zeit hätten landen sollen.

Die Stimmung war miserabler als je.

Wir hatten unser Schach, zum Glück.

Viele Passagiere folgten unserem Vorbild, indem sie sich mit Schuhen und Unterhosen begnügten; die Damen hat-ten es schwieriger, einige saßen in aufgekrempelten Röcken und in Büstenhaltern, blau oder weiß oder rosa, ihre Bluse um den Kopf gewickelt wie einen Turban.

Viele klagten über Kopfschmerz.

Jemand mußte sich erbrechen –

Wir hockten wieder abseits, Herbert und ich, im Schatten unter dem Schwanzsteuer, das, wie die Tragflächen auch, im Widerschein des besonnten Sandes blendete, so daß man sogar im Schatten wie unter einem Scheinwerfer saß, und wir redeten wie üblich wenig beim Schach. Einmal fragte ich:

»Ist Joachim denn nicht mehr verheiratet?«

»Nein«, sagte er.

»Geschieden?«

»Ja«, sagte er.

»Wir haben viel Schach gespielt – damals.«

»So«, sagte er.

Seine Einsilbigkeit reizte mich.

»Wen hat er denn geheiratet?«

Ich fragte zum Zeitvertreib, es machte mich nervös, daß man nicht rauchen durfte, ich hatte eine Zigarette im Mund, feuerlos, weil Herbert sich so lange besann, obschon er sehen mußte, daß es nichts mehr zu retten gibt; ich lag mit einem Pferdchen-Gewinn im sicheren Vorteil, als er nach langem Schweigen, dann so beiläufig, wie ich meinerseits gefragt hatte, den Namen von Hanna erwähnte.

»– Hanna Landsberg, Münchnerin, Halbjüdin.«

Ich sagte nichts.

»Sie sind am Zug!« sagte er.

Ich ließ nichts merken, glaube ich. Ich zündete versehentlich meine Zigarette an, was strengstens verboten war, und löschte sofort aus. Ich tat, als überlegte ich meine Züge, und verlor Figur um Figur –

»Was ist los?« lachte er, »was ist los?«

Wir spielten die Partie nicht zu Ende, ich gab auf und drehte das Brettchen, um die Figuren neuerdings aufzustellen. Ich wagte nicht einmal zu fragen, ob Hanna noch am Leben sei. Stundenlang spielten wir ohne ein Wort, von Zeit zu Zeit genötigt, unsere Coca-Cola-Kiste zu verrutschen, um im Schatten zu bleiben, das heißt: genötigt, immer wieder auf Sand zu sitzen, der gerade noch in der Sonne geglüht hatte. Wir schwitzten wie in der Sauna, wortlos über mein ledernes Steckschach gebeugt, das sich von unseren Schweißtropfen leider verfärbte.

Zu trinken gab es nichts mehr.

Warum ich nicht fragte, ob Hanna noch lebt, weiß ich nicht – vielleicht aus Angst, er würde mir sagen, Hanna sei nach Theresienstadt gekommen.

Ich errechnete ihr heutiges Alter.

Ich konnte sie mir nicht vorstellen.

Gegen Abend, kurz vor Dämmerung, kam endlich das versprochene Flugzeug, eine Sportmaschine, die lange kreiste, bis sie endlich den Fallschirmabwurf wagte: drei Säcke, zwei Kisten, die es im Umkreis von dreihundert Metern zu holen galt – wir waren gerettet: *Carta blanca, Cerveza Mexicana,* ein gutes Bier, das sogar Herbert, der Deutsche, anerkennen mußte, als man mit Bierdosen in der Wüste stand, Gesellschaft in Büstenhaltern und Unterhosen, dazu wieder Sonnenuntergang, den ich auf Farbfilm nahm.

Ich träumte von Hanna. Als Krankenschwester zu Pferd!

Am dritten Tag endlich ein erster Helikopter, um wenigstens die argentinische Mama mit ihren zwei Kindern zu holen, Gott sei Dank, und um Post mitzunehmen; er wartete eine Stunde auf Post.

Herbert schrieb sofort nach Düsseldorf.

Jedermann saß und schrieb.

Man mußte fast schreiben, bloß damit die lieben Leute nicht fragten, ob man denn keine Frau habe, keine Mutter, keine Kinder, – ich holte meine Hermes-Baby (sie ist heute noch voll Sand) und spannte einen Bogen ein, Bogen mit Durchschlag, da ich annahm, ich würde an Williams schreiben, tippte das Datum und schob – Platz für Anrede:

»My Dear!«

Ich schrieb also an Ivy. Lange schon hatte ich das Bedürfnis, einmal sauberen Tisch zu machen. Endlich einmal hatte ich die Ruhe und Zeit, die Ruhe einer ganzen Wüste.

»My Dear –«

Daß ich in der Wüste hocke, sechzig Meilen von der befahrbaren Welt entfernt, war bald gesagt. Daß es heiß ist, schönes Wetter, keine Spur von Verletzung und so weiter, dazu ein paar Details zwecks Anschaulichkeit: Coca-Cola-Kiste, Unterhosen, Helikopter, Bekanntschaft mit einem Schachspieler, all dies füllte noch keinen Brief. Was weiter? Die bläulichen Gebirge in der Ferne. Was weiter? Gestern Bier. Was weiter? Ich konnte sie nicht einmal um Zustellung von Filmen bitten und war mir bewußt, daß Ivy, wie jede Frau, eigentlich nur wissen möchte, was ich fühle, beziehungsweise denke, wenn ich schon nichts fühle, und das wußte ich zwar genau: Ich habe Hanna nicht geheiratet, die ich liebte, und wieso soll ich Ivy heiraten? – aber das zu formulieren, ohne daß es verletzte, war verdammt nicht leicht, denn sie wußte ja nichts von Hanna und war ein lieber Kerl, aber eine Art von Amerikanerin, die jeden Mann, der sie ins Bett nimmt, glaubt heiraten zu müssen. Dabei war Ivy durchaus verheiratet, ich weiß nicht zum wievielten Mal, und ihr Mann, Beamter in Washington, dachte ja nicht dran, sich scheiden zu lassen; denn er liebte Ivy. Ob er ahnte, warum Ivy regelmäßig nach New York flog, weiß ich nicht. Sie sagte, sie ginge zum Psychiater, und das ging sie nämlich auch. Jedenfalls klopfte es nie an meiner Türe, und ich sah nicht ein, wieso Ivy, sonst in ihren Ansichten modern, eine Ehe daraus machen wollte; sowieso hatten wir in letzter Zeit nur noch Krach, schien mir, Krach um jede Kleinigkeit. Krach wegen Studebaker-oder-Nash! Ich brauchte nur daran zu denken – und es tippte plötzlich wie von selbst, im Gegenteil, ich mußte auf die Uhr sehen, damit mein Brief noch fertig wird, bis der Helikopter startet.

Sein Motor lief bereits –

Nicht ich, sondern Ivy hatte den Studebaker gewollt; vor allem die Farbe (Tomatenrot nach ihrer Meinung, Himbeerrot nach meiner Meinung) war ihr Geschmack, nicht meiner, denn das Technische kümmerte sie wenig. Ivy war Mannequin, sie wählte ihre Kleider nach der Wagenfarbe, glaube ich, die Wagenfarbe nach ihrem Lippenstift oder umgekehrt, ich weiß es nicht. Ich kannte nur ihren ewigen Vorwurf: daß ich überhaupt keinen Geschmack habe und daß ich sie nicht heirate. Dabei war sie, wie gesagt, ein lieber Kerl. Aber dass ich daran dachte, ihren Studebaker zu verkaufen, das fand sie unmöglich, beziehungsweise typisch für mich, daß ich nicht eine Sekunde lang an ihre Garderobe dächte, die mit dem Himbeer-Studebaker stand und fiel, typisch für mich, denn ich sei ein Egoist, ein Rohling, ein Barbar in bezug auf Geschmack, ein Unmensch in bezug auf die Frau. Ich kannte ihre Vorwürfe und hatte sie satt. Daß ich grundsätzlich nicht heirate, das hatte ich oft genug gesagt, zumindest durchblicken lassen, zuletzt aber auch gesagt, und zwar auf dem Flugplatz, als wir drei Stunden lang auf diese Super-Constellation hatten warten müssen. Ivy hatte sogar geweint, somit gehört, was ich sagte. Aber vielleicht brauchte Ivy es schwarz auf weiß. Wären wir bei dieser Notlandung verbrannt, könnte sie auch ohne mich leben! – schrieb ich ihr (zum Glück mit Durchschlag) deutlich genug, so meinte ich, um uns ein Wiedersehen zu ersparen.

Der Helikopter war startbereit –

Ich konnte meinen Brief nicht mehr durchlesen, nur in den Umschlag stecken, zukleben und geben – schauen, wie der Helikopter startete.

Langsam hatte man Bärte.

Ich sehnte mich nach elektrischem Strom –

Langsam wurde die Sache doch langweilig, eigentlich ein Skandal, daß die zweiundvierzig Passagiere und fünf Leute der Besatzung nicht längst aus dieser Wüste befreit waren, schließlich reisten die meisten von uns in dringenden Geschäften.

Einmal fragte ich doch:

»Lebt sie eigentlich noch?«

»Wer?« fragte er.

»Hanna – seine Frau.«

»Ach so«, sagte er und überlegte nur, wie er meine Gambit-Eröffnung abwehren solle, dazu sein Pfeifen, das mir sowieso auf die Nerven ging, ein halblautes Pfeifen ohne jede Melodie, Gezisch wie bei einem Ventil, unwillkürlich – ich mußte nochmals fragen:

»Wo lebt sie denn heute?«

»Weiß ich nicht«, sagte er.

»Aber sie lebt noch?«

»Ich nehme an.«

»Du weißt es nicht?«

»Nein«, sagte er, »aber ich nehme an –« Er wiederholte alles wie sein eigenes Echo: »– ich nehme an.«

Unser Schach war ihm wichtiger.

»Vielleicht ist alles zu spät«, sagte er später, »vielleicht ist alles zu spät.«

Damit meinte er das Schach.

»Hat sie denn noch emigrieren können?«

»Ja«, sagte er, »das hat sie –«

»Wann?«

»1938«, sagte er, »in letzter Stunde –«

»Wohin?«

»Paris«, sagte er, »dann vermutlich weiter, denn ein paar Jahre später waren wir ja auch in Paris. – Übrigens meine schönste Zeit! Bevor ich in den Kaukasus kam. *Sous les toits de Paris!*«

Mehr war nicht zu erfragen.

»Du«, sagte er, »das ist eine beschissene Sache, scheint mir, wenn ich jetzt nicht abtausche.«

Wir spielten immer lustloser.

Wie man später erfuhr, warteten damals acht Helikopter der US-Army an der mexikanischen Grenze auf die behördliche Bewilligung, uns zu holen.

Ich putzte meine Hermes-Baby.

Herbert las.

Es blieb uns nichts als warten.

Ds Lied vo de Bahnhöf

Das isch ds lied
vo de bahnhöf wo dr zug
geng scho abgfahren isch
oder no nid isch cho
und es stöh
lüt im rägemantel dert und tüe warte
Und ds gepäck
hei si abgstellt und zwöi chind
luegen am outomat
ob nid doch dert no meh
usechöm
als die caramel wo si
scho hei gässe
Und dr bahnhofvorstand telefoniert
d'mütze hanget ar wand
und im wartsaal isch gheizt
sitzt e ma
won e stumpe roukt wo stinkt
und list ds amtsblatt
Mängisch lütet
e gloggen und en arbeiter
mit schwarze händ
stellt e weiche me weis

Das ist das Lied
von den Bahnhöfen, in welchen der Zug
stets schon abgefahren ist
oder noch nicht angekommen.
Und es stehen
Leute im Regenmantel dort und warten
und das Gepäck
haben sie abgestellt und zwei Kinder
schauen am Automaten,
ob dort nicht doch noch etwas mehr
herauskomme
als die Caramelbonbons, die sie
bereits gegessen haben.
Und der Bahnhofvorstand telefoniert.
Die Mütze hängt an der Wand
und im Wartesaal ist geheizt,
da sitzt ein Mann,
der eine Zigarre raucht, die stinkt,
und liest amtliche Mitteilungen.
Manchmal läutet
eine Glocke, und ein Arbeiter
mit schwarzen Händen
stellt eine Weiche, man weiß

nid für was
dänk für d'güeterwäge wo
vor em Schopf stöh
Und dr bahnhofvorstand
leit d'mützen a
s'fahrt e schnällzug verby
und es luftet no gäng
wäretdäm
dass dr vorstand scho sy huet
wider abziet
Das isch ds lied
vo de bahnhöf wo dr zug
geng scho abgfahren isch
oder no nid isch cho

nicht wozu,
wohl für die Güterwagen, die
vor dem Schuppen stehen.
Und der Bahnhofvorstand zieht die Mütze an,
es fährt ein Schnellzug vorbei
und es windet noch immer,
währenddem
der Vorstand seinen Hut schon
wieder auszieht.
Das ist das Lied
von den Bahnhöfen, in welchen der Zug
stets schon abgefahren ist
oder noch nicht angekommen.

Die Zwickmühle

Sie wusch jede Spur von ihm fort. Sie schrubbte alles mit Seife weg – seinen Speichel, seinen Schweiß, seinen Samen, seine Berührungen. Sie wollte wieder sauber und unberührt sein. Er konnte warten.

Baruch saß mit dem Rücken gegen die Badezimmertür. Er würde warten, bis sie herauskam. Irgendwann musste sie ja herauskommen. Er hätte nicht gedacht, dass es so schlimm werden würde. Was für ein Fiasko. Hinter ihm klickte das Schloss, und bevor er aufstehen konnte, öffnete sich die Tür, und er verlor das Gleichgewicht. Chani trat zurück und gestattete ihm, sich unbeholfen aufzurichten. Dann ging sie wortlos an ihm vorbei.

»Chani?« Er folgte ihr. Sie öffnete ihren Koffer und zog einige Kleidungsstücke heraus. Sie begann sich anzuziehen.

»Was machst du da?«

»Ich gehe.« Sie sah ihn noch nicht mal an.

»Aber … aber … das kannst du nicht! Wir sind verheiratet –«

»Ich weiß, und ich will nach Hause zu meinen Eltern.« Ihr Tonfall war knapp, so hatte sie noch nie mit ihm gesprochen.

»Chani, bitte, es ist sechs Uhr morgens! Sie schlafen alle

noch. Du kannst jetzt nicht zurückgehen! Bitte, bleib, wir können doch darüber reden –«

»Ich habe nichts zu sagen.«

Mit dem Rücken zu ihm begann sie zu packen. Baruch streckte eine Hand nach ihr aus. Er konnte sie vor Tränen kaum sehen. Sie bestand nur noch aus verschwommenen Farbflecken.

»Bitte«, krächzte er. »Bitte bleib und sprich mit mir. Es tut mir so leid. Es ist alles mein Fehler.«

»Es ist niemandes Fehler. Wir kennen uns gar nicht, aber von uns wird erwartet, dass alles in einer Nacht von null auf hundert geht. Das ist absurd!« Sie gab ein kurzes, leeres Lachen von sich.

»Ich weiß. Ich habe es versucht, Chani, ich habe es wirklich versucht. Ich bin in die Bücherei gegangen, um alles über heute Nacht herauszufinden –«

»Nun, dann hast du offensichtlich in die falschen Bücher geguckt!«, schnauzte sie. »Wozu sollen Bücher in so einer Situation denn gut sein? Diese blöden Bücher! Es ist immer dasselbe, man erzählt uns was, aber die Realität ist eine vollkommen andere –«

»Da gebe ich dir recht. Aber vielleicht können wir daran arbeiten … uns Zeit lassen. Es noch mal versuchen.«

»Noch mal versuchen? Nach heute Nacht?« Sie starrte ihn an.

Es war alles so unfair. Warum war er eigentlich ganz allein an allem schuld?

»Schau mal, Chani, es gehören ja immer zwei dazu. Du weißt genauso wenig über diese ganzen Sachen wie ich. Und ich hatte keine Ahnung, was ich da gemacht habe –«

»Das musst du mir nicht sagen!«

Das hatte gesessen. Aber er hatte es nicht verdient. Plötzlich wurde er wütend.

»Prima! Dann geh doch, lauf nach Hause, gib mir die ganze Schuld, wenn du dich dann besser fühlst!« Er stampfte Richtung Badezimmer, um seinen Schmerz zu verbergen.

Chani sah ihm nach. »Nein, Baruch. Es ist mein Fehler. Ich hätte dich nie heiraten dürfen. Ich hätte auf deine Mutter hören sollen, als sie versucht hat, mich davon abzuhalten –«

Wie angewurzelt blieb er stehen. »Sie hat was?«

Das hätte sie nicht sagen wollen. »Nichts, vergiss es.« Sie zog ihren *Scheitel* von seinem Ständer. Sie brachte es nicht über sich, ihn aufzusetzen. Ein lebloses, abstoßendes Ding, Haar, das mal zu jemand anderem gehört hatte.

Seine Schläfen pochten. Er konnte nicht glauben, was er gerade gehört hatte.

»Nein, Chani. Du musst es mir sagen. Was hat meine Mutter getan?«

Baruch stand vor ihr, die Hände in die Hüften gestemmt, sein Gesicht wütend und entschlossen. Plötzlich bekam Chani Angst. Hier, in diesem riesigen Zimmer, konnte er ihr alles Mögliche antun.

»Es spielt wirklich keine Rolle. Vergiss, was ich gesagt habe –«

»Das kann ich nicht. Du hast es ja gesagt. Also erzähl's mir. Zumindest das bist du mir schuldig.«

»Okay. Deine Mutter hat mir vor unserem Haus aufgelauert –«

»Sie hat dir aufgelauert? Was meinst du damit?«

»Sie wartete in ihrem Wagen vor unserer Haustür, und als ich näher kam, stieg sie aus und stellte sich vor.«

»Wann war das?«

»Kurz bevor du mir den Antrag gemacht hast.«

»Ich verstehe. Und dann?«

»Dann bin ich in ihr Auto eingestiegen. Sie hat mich darum gebeten.«

»Und weiter?«

»Wir sind nach Hampstead gefahren und haben uns in ein Café gesetzt, und sie hat mir gesagt, dass ich nicht die richtige Sorte Mädchen für dich sei. Dass unsere Familien zu verschieden seien. Und dass ich verschwinden solle.«

Baruch gab einen schrecklichen, gurgelnden Laut von sich. Seine Fäuste waren geballt. Er drehte sich zur Wand, um nicht die Fassung zu verlieren. »Und was hast du zu alldem gesagt?«

»Ich habe mich geweigert, dich aufzugeben. Ich habe ihr gesagt, meine Familie sei genauso gut wie eure.«

Er drehte sich wieder zu ihr um. Seine Augen waren rot und feucht.

»Danke«, sagte er. »Dafür, mich vor meiner verfluchten Mutter nicht aufzugeben.« Seine Stimme zitterte vor Wut.

Aber jetzt hatte sie angefangen und konnte nicht mehr aufhören. Jetzt konnte er genauso gut die ganze Wahrheit erfahren, dann wüsste er, was sie durchgemacht hatte und warum sie die Ehe auflösen wollte.

»Das ist noch nicht alles.«

»Nur zu, Chani, wo wir schon mal dabei sind!« Sein Sarkasmus spornte sie an.

»Okay. Du erinnerst dich doch an das Abendessen mit meinen und deinen Eltern?«

»Wie könnte ich das vergessen? Ich habe mich selten so gut amüsiert!«

»Deine Mutter ist mir nach oben gefolgt, als ich zur Toilette musste, und hat mich im Badezimmer zur Rede gestellt.«

»Sie hat was? Das glaube ich nicht. Als deine Eltern unten warteten, und mein Vater –« Er ging mit großen Schritten und flatterndem Pyjama im Zimmer auf und ab. »Und? Was ist dann passiert?«

»Sie hat mir angeboten, einen passenderen Jungen zu finden, wenn ich dich in Ruhe ließe.«

»Mein Gott! Sie ist unverbesserlich! Ich wusste, dass meine Mutter sich immer einmischt, aber das schlägt dem Fass den Boden aus! Wenn mein Vater das gewusst hätte, wenn er das herausfände …«

Er ging wieder auf und ab.

»Nein, Baruch, bitte sag nichts. Ich hätte es nicht erwähnen dürfen.«

»Oh, du kannst darauf wetten, dass ich etwas sagen werde! Aber erzähl mir zuerst den Rest. Wie bist du sie losgeworden?«

»Ich habe ihren Fuß in der Tür eingeklemmt.«

Er starrte sie ungläubig an. Und dann verzog sich sein Gesicht, und er begann hemmungslos zu lachen.

Chani war nach dieser Beichte nicht zum Lachen zumute. Er würde die Sache nicht auf sich beruhen lassen. Nur der Himmel wusste, wozu diese Frau noch fähig wäre, wenn sie auf Rache sann. Doch auf einmal dämmerte ihr, dass Mrs Levy gewonnen hätte, wenn sie jetzt nach Hause gehen würde. Sie steckte in einer Zwickmühle. Sie war erschöpft. Ihr war alles egal. Sie wollte nur noch in ihr eigenes Bett.

Baruch hielt sich am Sessel fest und wurde immer noch von seinen Lachkrämpfen geschüttelt. Er schien sie vergessen zu haben. Sie stopfte ihre Perücke in die Tasche, knallte den Koffer zu und zerrte ihn zur Tür.

»Chani! Geh nicht! Bitte warte!«

Mit einem Satz war er neben ihr, das Gesicht voller Sorge.

»Na, du scheinst das ja offensichtlich witzig zu finden«, gab sie bissig zurück.

»Nein, tue ich nicht. Es ist nur die Vorstellung, wie du –« Wieder drohte ihn die Heiterkeit zu überwältigen. Er schaute fort und wischte sich über den Mund.

»Ernsthaft, ich möchte, dass wir das hinkriegen. Gib nicht so schnell auf.«

»Warum? Deine Mutter hat genügend Mädchen, die nur darauf warten.«

»Sei nicht gemein. Ich habe kein Interesse an anderen Mädchen. Ich möchte mit dir zusammen sein. Und das weiß sie auch.«

Also hatte er auch um sie gekämpft. Seine Brillengläser funkelten. Sie konnte seine Augen dahinter nicht sehen, doch eine große, warme Hand griff nach ihrer, und diesmal wich sie seiner Berührung nicht aus. Sie standen an der Tür, Hand in Hand, der Koffer zu ihren Füßen.

»Ich will es heute Nacht nicht noch mal probieren«, sagte sie.

»Ich auch nicht. Das habe ich dir schon gesagt.«

»Aber wir haben keine andere Wahl. Wir müssen es heute Nacht tun.«

»Wer sagt das?«

Sie zuckte die Achseln. »Jeder.«

»Niemand wird wissen, ob wir es tun oder nicht. Das ist jetzt unsere Sache.«

»Was ist mit *HaSchem*?«

An *HaSchem* hatte er nicht gedacht. Er entschied, ihm in dieser Sache zu vertrauen.

»Ich bin sicher, dass *HaSchem* dafür Verständnis hat, wenn wir uns Zeit lassen.«

»Aber was ist mit dem *Schewa Brachot*? Dann würden wir all die Leute belügen, bei denen wir zu Gast sind.«

»Wie ich schon sagte, von wem, wenn nicht von uns, sollen sie es erfahren? Es geht sie nichts an. Lass sie denken, was sie wollen. Das tun sie sowieso.«

»Okay. Aber wenn wir zusammenbleiben, müssen wir an irgendeinem Punkt miteinander schlafen … und das, was ich heute Nacht durchgemacht habe, möchte ich nicht noch mal durchmachen.«

»Chani, ich wünschte, wir hätten es nie probiert. Ernsthaft, wenn wir es wieder versuchen, dann in deinem Tempo. Viel langsamer. Wir lassen uns Zeit. Reden. Lernen uns besser kennen. Bis wir uns wirklich wohl fühlen. Es wird eine Übung für die Zeit sein, wenn du *nidda* bist. Wir können jeden Abend ausgehen und in einem anderen Restaurant essen und unsere Ehe feiern.«

»Die Leute werden reden.«

»Die Leute werden immer reden. Wir müssen wir selbst bleiben und das tun, was richtig für uns ist.« Er konnte gar nicht fassen, wie erwachsen und verantwortungsvoll er sich anhörte. Baruch, der verheiratete Mann. Er grinste. Sie wandte sich ihm zu. Er trat einen Schritt näher. Dann öffnete er seine Arme, und sie lehnte sich an seine Schulter.

»Und dann ist da noch etwas, das ich mit dir besprechen muss.«

»Oh? Dann raus damit.«

Es war halb sieben am Montagmorgen. Die Vorhänge waren zugezogen, und Chani saß im Schneidersitz auf dem Bett, eingewickelt in den Hotelbademantel. Baruch lag auf der Seite, immer noch im Pyjama. Seine großen Füße hingen über die Bettkante. Auf dem Bett waren Plastikverpackungen und zusammengeknüllte Aluminiumfolie verstreut, nachdem sie den *koscheren* Präsentkorb geplündert hatten. An Chanis rechter Wange klebte Schokolade. Sie hatte einen Apfel zur Hälfte aufgegessen. Baruch nahm sich noch eine Erdbeerwaffel.

»Ich will nicht sofort ein Baby.«

Baruch hörte auf zu kauen. Dann schluckte er hörbar. »Na ja, ich will auch keines. Nicht gleich jedenfalls.«

»Wirklich? Meinst du das ernst, oder sagst du das nur meinetwegen?«

Er verdrehte die Augen. »Natürlich sage ich das nur, um Euer Hoheit zu gefallen. Chani, ich bin noch nicht bereit für Kinder. Ich kann mir kaum etwas Beängstigenderes vorstellen! Ich bin doch erst zwanzig!«

»Aber die Gemeinde erwartet es von uns, unsere Eltern erwarten es –«

»Und? Dann sollen sie doch. Das ist jetzt unsere Entscheidung.« Wie selbstbewusst er sich anhörte. Er wünschte, Avromi wäre Zeuge seines Triumphs. Chani aber runzelte die Stirn und knabberte an ihrem Apfel.

»Okay. Aber was machen wir, damit ich nicht so schnell schwanger werde?«

Daran hatte er nicht gedacht. »Ich glaube, da gibt es Wege … Wir müssen zu einem Arzt gehen und fragen. Aber zuerst müssen wir vermutlich die Rabbis um Erlaubnis bitten. Ich habe gehört, sie geben einem bis zu einem Jahr Zeit.«

Ein Jahr schien beiden ziemlich lang. Sie grinsten sich scheu an. Chani seufzte. »Ich wusste es. Wir werden nie richtig frei sein und unsere eigenen Entscheidungen treffen können, oder?«

»Nein«, sagte Baruch geknickt. »Aber so weit es möglich ist. Davon abgesehen, werden wir neu in Jerusalem sein, und das gibt uns zumindest für eine Weile ein bisschen mehr Raum und Privatsphäre.«

»Und ich will höchstens vier.«

»Vier sind reichlich. Fast zu viele!«

»Ehrlich?«

»Ehrlich.«

Die Ehe wurde von Minute zu Minute besser. Alles in allem war er kein schlechter Fang. Das musste sie Mrs Levy lassen. Sie wischte ihre klebrigen Finger am Nachthemd ab und griff nach seiner Hand. Wie winzig ihre Hand im Vergleich zu seiner aussah. Sie kicherte.

Später am Morgen wachte Baruch auf, weil er zur Toilette musste. Einen Augenblick lang wusste er nicht, wo er war. Er schaute hinauf in die dunklen Falten des Baldachins und lauschte dem leisen Schnarchen, das von dem kleinen Berg links neben ihm kam. Chani. Er bewegte sich vorsichtig, um sie nicht zu wecken, konnte sich jedoch nicht verkneifen, wenigstens einen Blick auf sie zu werfen. Sie lag zusammengerollt auf ihrer linken Seite, die Decke bis zum Kinn hochgezogen. Ihre Augenlider zuckten im Traum. Wovon träumte sie wohl? Er hoffte, dass es etwas Schönes war. Ihre leicht geöffneten Lippen zitterten bei jedem Einatmen. Ihre Wangen waren gerötet, und ihr zerzaustes Haar verbarg ihre Stirn. Sie sah aus wie zwölf. Zärtlich strich er eine Strähne zur Seite. Seine Frau. Sie hatte um ihn gekämpft. Sie hatte seiner Mutter die Stirn geboten.

Seine Gedanken kehrten zu den Ereignissen zurück, die zu ihrem ersten Zerwürfnis geführt hatten. Ein Schauer überlief ihn. *Baruch HaSchem* war sie geblieben. Er würde es wiedergutmachen. Selbst wenn es ein Jahr dauerte, bis sie die Ehe vollzogen. Na ja, vielleicht kein ganzes Jahr. Er hatte gehofft, seine Jungfräulichkeit etwas eher zu verlieren. Aber Chani war nun das Wichtigste in seinem Leben. Vielleicht würde er das auch für sie werden. Er glitt aus dem Bett und ging Richtung Bad, als sein linker Fuß auf etwas Weichem, Glattem ausrutschte. Er fand das Gleichgewicht wieder, tastete auf dem Teppich umher. Er öffnete die Badezimmertür und untersuchte den Fetzen Stoff im Licht.

Ein knallrosa BH. Er dachte daran, wie Chani ihn unter ihrem sittsamen Nachthemd getragen hatte, und merkte, wie es ihn erregte. Er wünschte, er hätte sie darin gesehen. Vielleicht könnte er sie bitten, ihn irgendwann noch mal für ihn anzuziehen.

Vielleicht.

Das Kreuz über dem Dorf

Die Glocke im Kirchturm hatte gerade zweimal zwölf Schläge über das Dorf verteilt, und mir war, als würde hinter dem Zirpen der Grillen, zwischen den Rufen des Käuzchens und dem Vorbeihuschen der Fledermäuse die Stille laut und hörbar.

Ich sah hinauf zu dem Kreuz auf dem *Castillo,* zu dem wir am Nachmittag hinaufgestiegen waren; ich sah den stumm schreienden Mond, und nachdem ich einen Schluck Wein genommen und das Glas wieder oben auf das Balkongeländer gestellt hatte, sagte ich: Jetzt rauscht sie wieder heran.

Da mich Anna fragend anschaute, sagte ich: Sie rauscht an wie verrückt.

Die Nacht?

Die Welt, sagte ich. Die ganze Welt. Und dieses Dorf. Es tut wieder so, als wäre es etwas ganz Besonderes.

Anna schaute mich nochmals an, schüttelte leicht den Kopf und sagte nach einer Pause: Dieses Dorf ist aber etwas ganz Besonderes.

Am Aussterben ist es, sagte ich.

Na und?, sagte Anna.

Weißt du, dass wieder ein Dach eingestürzt ist?

Schon wieder?

Gleich da vorne, rechts unten.

Dort, wo früher die Señora Remedios wohnte?

Genau. Von hier kann man es nicht sehen.

Wer hat es dir gesagt?

José Antonio.

Ha, der Schweinemäster.

Ich habe es einstürzen gehört. Ein Rumpeln hat mich aus dem Schlaf gerissen.

Anna nahm einen Schluck Wein, schaute in die Nacht hinaus, zum Kirchturm und dann zu dem Kreuz auf dem *Castillo* hinauf.

Aber dort oben war es sehr schön, sagte sie.

Der Anfang des Aufstiegs auf dem kaum mehr benutzten Weg durch den Steineichenwald hatte mich so außer Atem gebracht, dass ich mich im Unterholz nach einem Stock umgesehen hatte. Wir waren zu dem Hügelrücken hinter dem Dorf hinaufgestiegen, weil Anna gesagt hatte, sie müsse noch zum Kreuz gehen.

Wir hatten beim Essen neckisch davon gesprochen, ob sie jetzt alles erledigt habe, ob sie mit gutem Gewissen abreisen könne.

Sie müsse noch zum Kreuz, sagte sie, dann habe sie die Liste abgehakt, habe sie getan, was sie hier jeden Sommer tue und tun müsse, dann habe sie all die unvermeidlichen Spaziergänge gemacht und die unvermeidlichen Leute getroffen und die unvermeidlichen Orte besucht.

Aber du weißt, hatte ich gesagt, dahin zu kommen ist nicht ganz einfach, das kann sogar gefährlich sein.

Das weiß ich doch, hatte Anna gesagt. Aber ich will ja nicht vorne durch die Stirnwand hochklettern wie früher.

Später stieg ich nochmals durch den Steineichenwald zu dem Hügelrücken hinter der Schweinemästerei hoch, aber diesmal mit der Feder voran. Zwar klebte die Hand, auch der Unterarm am Papier, denn es war heiß, obschon es morgens noch angenehm frisch, sogar kühl gewesen war. Trotzdem sollte die Feder festhalten, wie wir uns dort oben durch die dicht gewachsenen, trockenen Steineichen einen Weg bahnen mussten. Immer wieder ist da nämlich noch ein Ast, der mir den Hut vom Kopf zieht, der mir ins Gesicht zu klatschen droht, der mir den Hals zerkratzt. Wir gehen meist im Schatten, aber die Hitze hält uns fest umklammert, und weil da kein Weg, auch bald kein Pfad mehr zu erkennen ist, können wir die Richtung nur mit kleinen Umwegen halten. Der Boden ist weich, federnd sogar. Es riecht nach Kiefern, nach Moder. Wir hören hier ein Zwitschern, dort ein Pfeifen, wieder ein Knacken. Während ich mir den Schweiß vom Gesicht wische, verfolge ich neidisch den frivolen Wankelflug eines weißen Schmetterlings.

Anna schließt auf und fragt, ob ich mir sicher sei, dass wir uns nicht verirrt hätten. Nein, nein, sage ich, wir müssen einfach möglichst hoch am Hang bleiben, dort oben verläuft der Grat dieses Hügelrückens, der dann in den Felsen des *Castillos* übergeht. Schon bald muss das Kreuz zu sehen sein.

Wir klettern weiter über das von Dorngestrüpp überwucherte Geröll eingestürzter Stützmauern, wir suchen nach begehbaren Lücken, bücken uns unter kratzenden Ästen hindurch, immer bestrebt, nicht ab-, sondern aufzusteigen.

Ob ich das Kreuz jetzt sehen würde, will Anna wieder wissen. Nein, noch nicht, aber sicher bald. Anna hält sich tapfer. Mit vor dem Gesicht erhobenen Armen drängt sie sich zwischen einem Wacholderbaum und einer verbuschten Steineiche hindurch. Siehst du jetzt das Kreuz? Anna verliert langsam die Geduld. Nein, aber gleich, sage ich. Wir durchqueren kleine, seit Generationen nicht mehr bewirtschaftete, terrassierte Äcker. Sie sind so steinig, man kann sich kaum vorstellen, wie hier einmal Roggen und Hafer gesät und, wenn auch in kläglichen Mengen, geerntet worden ist. Bei einem etwas lichteren Wegteil sehen wir auf der einen Seite weitere, mit Trockensteinmauern halsbrecherisch angelegte, terrassierte Kleinstäcker, auf der anderen Seite weit unten jetzt auch das Dorf. Und dahinter steil aufsteigend die *Tossa*, den Hausberg. Anna hört in der Ferne eine Herde, aber wo ist das Kreuz?, fragt sie abermals. Während ich die Kamera aus der Tasche ziehe und ein Bild mache, ermahne ich Anna zur Ruhe.

Ich will jetzt endlich das verdammte Kreuz sehen!, sagt sie.

Aber Anna!, sage ich.

Dann sehen wir es. Es steht leicht schief, aber fest im Felsen verankert.

Endlich, sagt Anna.

Auf den letzten Metern müssen wir wieder mit Hilfe der Hände dem schmalen Grat entlangklettern. Das verwitterte Holz des Kreuzes ist grau wie Asche. Anna streicht mit der Hand darüber. Vom Dorf herauf sind Stimmen zu hören. Sie steigen so klar herauf, dass man verstehen könnte, was gesagt wird. Anna setzt sich hinter dem Kreuz in sicherer

Entfernung zur Kante über dem Abgrund auf den felsigen Boden.

Ich mache noch ein Bild.

Ein paar Tage später zeigte ich dieses Bild meinem lieben Freund Miguel. Ich war nach Morella gefahren, um *El País* und *La Vanguardia* zu kaufen, hatte in einem Café erst den alten Próspero, dann Miguel getroffen, der sich erkundigte, ob Anna mit ihrem Urlaub zufrieden gewesen und ob sie gut wieder nach Hause gekommen sei.

Während ich ihm Bericht erstattete, nahm ich meine Kamera hervor, schaltete sie ein und sagte: Und schau, hier waren wir beim Kreuz über dem Dorf. Schön, nicht?

Da sieht man ja nur Ziegeldächer, sagte er.

Ohne es zu erwähnen, erinnerte ich mich dann an das Eichhörnchen. Von einem vergessenen, dort oben längst verwahrlosten, teilweise schon verdorrten Mandelbaum hatte es sich kopfüber heruntergestürzt und war, verfolgt von seinem hellbraunen, buschigen Schweif, mit hopsenden Sprüngen ins Dickicht des nahen Wäldchens geflüchtet. Unter dem Baum verstreut, ließ es einen Kranz von aufgebrochenen Mandelschalen zurück.

ILDIKÓ VON KÜRTHY
Der Anruf

17:12 Der Fuß ist eine weitgehend unerschlossene weibliche Problemzone. Ein Satz, wie in Stein gemeißelt.

Der Fuß ist eine weitgehend unerschlossene weibliche Problemzone.

So könnte ein Artikel in einer Frauenzeitschrift anfangen. Oder in *Psychologie Heute*. Oder so.

Ich heiße Cora Hübsch, ich bin dreiunddreißigdreiviertel Jahre alt und gehöre zu der Mehrheit von Frauen, die auch in fortschreitendem Alter noch kein freundschaftliches Verhältnis zu ihren Füßen aufgebaut haben. Meine Zehen sind krumm wie die Zähne im Mund eines Schuljungen, der sich beharrlich weigert, eine Zahnspange zu tragen. In meiner Bauch-Beine-Po-Gruppe ist eine, deren Zehen sind so kurz, als seien sie ihr in jungen Jahren von einer scharfkantigen Glasplatte guillotiniert worden. Und meine Freundin Johanna hat Füße wie andere Leute Oberschenkel. In ihren Pumps hätten sich noch einige Zweite-Klasse-Passagiere von der Titanic retten können.

Ich versuche, mich abzulenken. Betrachte angestrengt den Haufen Zehen an meinem Körperende, um nicht über Schlimmeres nachdenken zu müssen.

Darüber zum Beispiel, dass heute Samstag ist. Schlimmer noch, es ist schon fast Samstagabend. Wann beginnt eigentlich der Abend? Gesetzt den Fall, jemand sagt: »Ich rufe dich Samstagabend an.« Was genau meint er dann damit? Heißt das: »Ich rufe dich um 18 Uhr an, um dich zu fragen, ob ich dich um 20 Uhr 30 abholen und zum teuersten Italiener der Stadt ausführen darf«?

Oder heißt das: »Ich klingle gegen 23 Uhr mal durch, um anzutesten, ob du eine vereinsamte Mittdreißigerin bist, die am Samstagabend nichts Besseres vorhat, als auf den Anruf eines smarten Typen, wie ich es bin, zu warten, der sich einmal aus Langeweile dazu hat hinreißen lassen, mit dir ins Bett zu gehen?«

Der Fuß ist eine weitgehend unerschlossene weibliche Problemzone.

Nein, es hilft nichts. Die krummen Gesellen da unten können nicht länger für meine Minderwertigkeitskomplexe geradestehen. Ich heiße Cora Hübsch, bin dreiunddreißigdreiviertel und gehöre zu der Mehrheit von Frauen, die sich auch in fortschreitendem Alter hauptsächlich mit einer Problemzone rumschlägt.

Freundinnen, lasst es uns so sagen, wie es ist: Die aller-aller-allerschlimmste weibliche Problemzone heißt: Mann.

17:17 Ist es jetzt wirklich schon bald halb sechs? Gute Güte! Warum ruft der denn nicht an? Warum gibt es Dinge im Leben einer Frau, die sich niemals ändern? Die Frage, ob man nach einmal Sex bereits Anspruch auf eine Samstagabendverabredung hat, wurde bisher nicht hinreichend geklärt.

Jemand müsste sich mal die Mühe machen herauszufinden, wie viele Jahre ihres Lebens eine Frau damit verbringt, auf Anrufe von Männern zu warten. Bestimmt fünf. Oder zehn. Und dabei wird sie immer älter. Sie runzelt die Stirn, und das hinterlässt eine hässliche Falte über der Nasenwurzel. Sie isst mehrere Tonnen weiße Schokolade mit Crisp, Erdnussflips und Toastbrot mit Nutella. Sie ruiniert ihre Figur und ihre Zähne und damit jede reelle Chance auf einen Anruf am Samstagabend.

Muss aufhören, mein Selbstbewusstsein mit negativen Gedanken zu unterminieren.

»Ich bin attraktiv. Ich bin eine begehrenswerte Frau. Ich bin schön. Ich bin eine begehrenswerte Frau. Ich bin ...«

Telefon! Na bitte, es klappt doch.

17:22 Das war Johanna, die wissen wollte, ob er schon angerufen hat. Johanna sagt, dass der grundlegende Unterschied zwischen Männern und Frauen nicht, wie gemeinhin angenommen, darin besteht, dass Männer den Innenraum ihrer Autos sauber und sämtliche *Stirb langsam*-Filme für kulturell wertvoll halten.

Der wichtigste Unterschied zwischen Männern und Frauen ist, sagt Jo, dass Männer nicht auf die Anrufe von Frauen warten. Statt zu warten, tun Männer was anderes. Schauen RAN, entwickeln ein Mittel gegen Aids, verabreden sich mit einer Blondine, lesen die Aktienkurse in der FAZ, machen Muskelaufbautraining. Oder so 'n Zeug. Und das Wichtigste daran ist: Sie tun es nicht, um sich vom Warten abzulenken. Sondern sie tun es, weil sie es tun wollen. Sie vergessen dabei, dass sie eigentlich warten. Deswegen sind Männer nie beim ersten Klingeln am Telefon und klingen immer so, als hätte man sie bei etwas gestört.

Ich musste kurz nachdenken, um zu begreifen, was das bedeutete.

»Das heißt ja«, sagte ich schließlich, und es war, als hätte mir jemand nach jahrzehntelanger Blindheit die Augen geöffnet, »das heißt ja, dass all die Stunden, die wir damit verbracht haben, Männer nicht zurückzurufen, umsonst waren. Die Tage, an denen wir uns nur durch übermäßigen Konsum von Choco-Crossies und Meg-Ryan-Videos davon abhalten konnten, ihn gleich am nächsten Tag wiederzusehen. Für die Katz! Was haben wir gelitten, um sie leiden zu lassen. Wir dachten, sie würden warten – und in Wahrheit waren sie vielleicht nicht einmal zu Hause, um zu bemerken, dass wir nicht anrufen!?«

»Du hast es erfasst, Cora. Du kannst einen Mann nicht warten lassen. Und wenn du mich fragst, es ist höchste Zeit, dass du deine Zeit mit etwas Sinnvollerem verbringst, als zu hoffen, dass Herr Hofmann sich bequemt, deine Nummer zu wählen.«

Sie hat ja so recht. Werde jetzt sofort aufhören zu warten und stattdessen etwas Sinnvolles tun.

Ich könnte

a) meine Steuererklärung machen,
b) meine Steuererklärung vom vorletzten Jahr oder
c) den herrlichen Sommerabend nutzen, um den Weihnachtsbaum vom Balkon zu holen und im nahe gelegenen Park zu entsorgen.

Ich werde bei einem Glas Weißwein in Ruhe darüber nachdenken.

Telefon

Schwarze, grauenhafte
Erfindung
stehst geduckt
wartend,
starrst mich an.
Ich warte.
Meine Gedanken
sprungbereit
in deine Muschel
sich zu zwängen
streichen
Über Gräber des Gewissens.

Zahlen,
kalt,
die zarten Stimmen
verbergend,
die ich suche.
Mein Gott,
wo sind sie?

Wo ist die Welt?
In diesem Ungeheuer?

Telefon,
du mordest mich,
meine Gedanken.
Wo bleibt dein Schrei
erlösend?
Schwarze, grauenhafte
Erfindung …

»Gibt es etwas auf der Erde, das von Bedeutung wäre und sogar den Lauf der Dinge verändern könnte, und zwar nicht nur auf der Erde, sondern auch in anderen Welten?«, fragte ich meinen Meister.

»Gibt es«, antwortete der Meister.

»Und was ist das?«, fragte ich.

»Das ist …«, setzte der Meister an und verstummte auf einmal.

Ich stand da und wartete gespannt auf seine Antwort.

Doch er schwieg.

Und ich stand da und schwieg.

Und er schwieg.

Und ich stand da und schwieg.

Und er schwieg.

Wir stehen beide da und schweigen.

Hol-le-ri!

Wir stehen beide da und schweigen!

Hol-le-ra!

Ja, ja, wir stehen beide da und schweigen!

16.–17. Juli 1937

Wie leicht der Mensch sich in Kleinkram verstricken kann. Man kann stundenlang vom Tisch zum Schrank und vom Schrank zum Sofa gehen und keinen Ausweg finden. Man kann sogar vergessen, wo man gerade ist, und Wurfpfeile in irgendein kleines Schränkchen an der Wand versenken. »Heda! Schrank!«, kann man ihm zurufen. »Na warte!« Oder man kann sich auf den Fußboden legen und den Staub betrachten. Auch das hat etwas Inspirierendes. Am besten macht man das nach der Uhr, im Einklang mit der Zeit. Allerdings ist es schwer zu bestimmen, wie lang das dauern kann, denn welche Dauer hat schon Staub?

Noch besser ist es, in eine Schüssel mit Wasser zu schauen. Ins Wasser zu schauen, ist immer nützlich und lehrreich. Selbst wenn dort nichts zu sehen ist, schön ist es trotzdem. Wir schauten ins Wasser, sahen nichts darin, und bald wurde uns langweilig. Aber wir redeten uns ein, dass wir in jedem Fall etwas Gutes getan hatten. Wir zählten an den Fingern ab. Aber was wir zählten, wussten wir nicht, denn lässt sich beim Wasser überhaupt irgendwas zählen?

1940

MEIR SHALEV
Geduld

Als ich anfing, die Samen der Wildblumen in meinem Garten zu sammeln, aufzubewahren und auszusäen, versah ich jedes Glas mit einem Zettel, auf dem der Name der jeweiligen Blume stand. Heute brauche ich das nicht mehr. Ich erkenne jede Pflanze, die ich hege, nicht nur an ihren Blüten, sondern auch an Blatt, Frucht, Knolle oder Zwiebel und sogar an einem einzelnen Samen: Die schwarzen oder braunen Mohnsamen sind die kleinsten in meiner Sammlung. Die Samen des Großen Löwenmauls ähneln ihnen sehr, aber ihr Schwarz ist schwärzer, und sie sind ein wenig größer. Die Samen der Kronen-Anemone sehen aus wie dunkle Punkte in einer hellen, wolligen Hülle, die sie im Wind beflügeln soll. Die Hahnenfußsamen sitzen wie flache, goldene Flocken sichtbar und gedrängt am Ende des Stengels, dort, wo vorher die Blume war.

Auch die Samen der Meerzwiebel wirken wie flache, kleine Flocken, sind aber glänzend schwarz. Kornblumensamen sind gelblich und glatt, Leinsamen dunkelbraun und kleiner, aber ebenfalls auffallend glatt und fettig. Die Stockrose hat flache, runde und rauhe Samen. Lupinensamen sind groß und hart und platt, ihre Farbe variiert zwischen Dunkelbraun und Gelblich und hat manchmal einen rosa Schimmer. Die Samen der Kornrade sind dunkel und kugelig, die des Alpenveilchens etwas kleiner und unterschiedlich geformt. Sie sehen aus wie winzige, braunlila Steine, und selbst in völlig trockenem Zustand besitzen sie noch einen Hauch vom süßlichen Duft der einstigen Frucht. Gladiolen- und Krokussamen sind violett und einander sehr ähnlich. All diese Samen erkenne ich schon auf den ersten Blick durchs Glas, und auf dem Zettel darin vermerke ich nur noch das Jahr ihrer Ernte, denn Pflanzensamen verlieren über die Jahre ihre Lebenskraft, vor allem die kleinsten Samen, die der einjährigen Pflanzen.

Nach dem ersten Regen – so er früh und üppig gefallen ist – jäte ich die gekeimten Wildkräuter und säe meine Wildblumen an ihren jeweiligen Standorten aus. Die Samen der Geophyten – Alpenveilchen, Anemonen, Hahnenfuß, Gladiolen und Krokus – säe ich in Töpfen und Blumenkästen. Ich fülle die Behälter etwa zur Hälfte mit Erde, streue die Samen darüber und gebe noch eine dünne Schicht Erde darauf. Erst zwei oder drei Jahre später versetze ich die entstandenen Knollen und Zwiebeln an ihre festen Plätze in meinem Garten.

Die Samen der einjährigen Pflanzen säe ich direkt im Garten aus. Aber der Hauptunterschied zwischen der Aussaat von einjährigen Pflanzen und solchen mit Knollen oder Zwiebeln ist nicht technischer oder landwirtschaftlicher, sondern seelischer Art. Die einjährigen Pflanzen wie Klatschmohn, Kornblume und Lupine säe ich in dem Wissen aus, dass sie mich in ein paar Monaten mit ihrer Blüte belohnen und einige Wochen später sterben werden. Aber wenn ich Alpenveilchen säe, weiß ich, sie werden erst in ein paar Jahren blühen und danach unermüdlich immer wieder, werden mich vermutlich sogar überleben. Das heißt, dass neben rascher Wunschbefriedigung – was nicht abfällig gemeint ist, das kann höchst angenehm sein – auch Geduld im Spiel ist.

Ich bin sehr froh, wenn ich unterwegs Zwiebeln von Meerzwiebeln finde, die ein Bagger bei einer Straßenverbreiterung ausgegraben hat, oder wenn der Bezirksrat einen Hügel, der demnächst mit Beton und Asphalt überzogen werden soll, für die Suche nach reifen Alpenveilchenknollen freigibt. Aber auf ganz andere Art freue ich mich auch, wenn ich diese Blumen säe, in dem Wissen, dass es keine Turbolösungen gibt: Ich muss den Regeln und Rhythmen der Natur gehorchen und einige Jahre auf die erste Blume warten.

Diese Geduld habe ich nicht in den Garten mitgebracht, sondern von ihm erhalten. Man könnte sagen, wie ich Pflanzen in ihm hege, hegt er Geduld in meinem Innern. Diese Geisteshaltung tut gut, denn ich bin nicht immer ein geduldiger Mensch und nicht immer bereit zu warten. Es gibt Menschen und Situationen, die mich ungeduldig machen, und das merkt man auch. Aber das Schreiben, mit dem ich relativ spät angefangen habe, und das Gärtnern, das noch später kam, haben mich gelehrt, dass es Abläufe gibt, die man nicht beschleunigen kann oder soll, und dass unter anderem auch der Faktor Zeit eine wichtige Rolle spielt. Manchmal kommt es mir sogar vor, als brauchten Pflanzen eine gute Portion Zeit so notwendig wie Wasser und Licht.

So habe ich denn gelernt, auf die selbstgesetzten Bäumchen zu warten, die langsam neben mir wachsen, auf die

Knollen, die dick und groß werden müssen, ehe Blumen sprießen, und auf die Samen, die erst keimen, wenn ihre inneren Uhren sagen: Jetzt. Genauso warte ich, bis eine Geschichte langsam reift, sich mit ihren Helden einig wird und ihren Autor kennenlernt, bis ihre Wörter sich an die Handlung, die sie transportieren, und an ihre Nachbarwörter gewöhnen. All das braucht seine Zeit, was dem Gärtner Geduld abverlangt.

Es finden sich noch weitere Berührungspunkte zwischen Schriftstellern und Gärtnern. Bei beiden gibt es Samen, die Jahre in der Erde warten und, wenn überhaupt, erst nach dem richtigen Regen keimen. Beide schenken, wenn es gutgeht, Schönheit, und hinter dieser Schönheit steckt jeweils viel eintönige Knochenarbeit, langes Jäten und Hacken und Sieben und Beschneiden. Und bei beiden Tätigkeiten schmerzt zuweilen der Rücken, der weder das lange Sitzen am Schreibtisch noch das tiefe Bücken im Garten mag. Schade, dass ich nicht so schreiben kann, wie ich jäte – auf allen vieren.

Warten

Die Herren gingen ins Rauchzimmer hinüber und begannen zu plaudern. Man unterhielt sich über das Thema: Unverhoffte Erbschaften, seltsame Erbteilungen. Einer der Anwesenden, der im Hintergrund am Kamin lehnte – es war M. Le Brument, ein bekannter und hervorragender Rechtsanwalt –, nahm das Wort und sagte:

»Ich bin im Augenblick auf der Suche nach einem Erben, der unter den denkbar furchtbarsten Umständen verschwunden ist. Es handelt sich dabei um eins der vielen geheimnisvollen Dramen des alltäglichen Lebens; ein Fall, der immer und überall vorkommen kann, der aber dennoch oder gerade deshalb zu den entsetzlichsten gehört, die man sich ausdenken kann. Ich erzähle:

Vor etwa sechs Monaten wurde ich zu einer Sterbenden gerufen. Sie sagte mir: ›Mein Herr, ich möchte Sie mit der schwersten und gewiss langwierigsten Aufgabe betrauen, die es überhaupt gibt. Nehmen Sie bitte von meinem Testament Kenntnis; es liegt dort auf dem Tisch. Ein Betrag von fünftausend Franken fällt Ihnen als Honorar zu, wenn Sie keinen Erfolg haben werden; zehntausend Franken, wenn Sie den Auftrag erfüllen. Sie sollen nach meinem Tode meinen Sohn auffinden.‹

Sie sprach mühsam und war schon nach diesen wenigen Worten außer Atem. Sie bat mich, ihr ein Kissen unter den Rücken zu schieben, damit ihr das Sprechen leichter würde.

Ich befand mich in einem sehr reichen Hause. Die Einrichtung der Kammer war kostbar, aber betont schlicht. Schwere und geschmackvoll abgestimmte Stoffe bedeckten die Wände. Der Raum hatte, wie soll ich sagen, etwas Verstummendes – das gesprochene Wort wurde von ihm eingeschluckt, es erstarb, sobald es erklang.

Die Sterbende fuhr fort: ›Sie sind der erste Mensch, dem ich mein furchtbares Leben erzähle. Ich kann nur hoffen, dass ich noch die Kraft haben werde, bis ans Ende zu kommen. Mir liegt daran, dass Sie alles erfahren, damit Sie selbst, den ich als einen Mann von Herz und von Weltkenntnis schätze, den lauteren Wunsch haben, mir aus allen Kräften beizustehen. Hören Sie mich an.

Vor meiner Ehe liebte ich einen jungen Menschen, dem meine Familie das Jawort versagte, weil er ihr nicht vermögend genug war. Bald darauf heiratete ich einen reichen Mann. Ich nahm ihn aus Unwissenheit, aus Furcht, aus Gleichgültigkeit; ich gehorchte meinen Eltern – Sie wissen, wie junge Mädchen dazu kommen.

Ich bekam einen Knaben. Mein Mann starb bald darauf.

Der, den ich als junges Mädchen liebte, hatte sich inzwischen verheiratet. Als ich nun Witwe wurde, litt er sehr darunter, dass er nicht mehr frei war. Er suchte mich auf, er weinte und schluchzte vor mir – fast brach mir das Herz. Er wurde mein Freund. Es wäre gewiss besser gewesen, wenn ich ihn nicht wiedergesehen hätte. Bedenken Sie aber dies: Ich war allein, war traurig, war einsam, war verzweifelt!

Und ich liebte ihn ja noch immer. Was wir Menschen alles ertragen müssen!

Ich hatte auf der Welt niemand als ihn; meine Eltern waren damals schon tot. Er besuchte mich häufig; er verbrachte ganze Abende bei mir. Ich hätte ihm nicht erlauben sollen, dass er so oft kam, schon wegen seiner Frau. Aber ich besaß nicht die Kraft, von ihm zu lassen.

Da Sie alles wissen sollen – er wurde mein Geliebter! Wie kam es dazu? Ich weiß es nicht. Begreift man es? Meinen Sie, dass es anders ausgehen kann, wenn zwei Menschen durch die Gewalt gegenseitiger heftiger Liebe zueinander gedrängt werden? Seien Sie überzeugt, mein Herr, dass man nicht immer und immer fähig ist, Widerstand zu leisten, dass man nicht immer mit sich kämpfen und nicht immer das verweigern kann, was von einem mit Bitten und Flehen und flammender Leidenschaft begehrt wird – begehrt von einem Manne, den man selber anbetet, den man froh und glücklich sehen, dessen geringsten Wunsch man erfüllen möchte –, den man aber in Verzweiflung stürzen würde, wenn man ihn abwiese, wie es der Ehrenkodex der Gesellschaft vorschreibt! Wie viel Kraft würde man gebraucht haben! Welch ein Verzicht auf Freude wäre aufzubringen gewesen! Welche Entsagung zu üben! Und dann dies: Auch die selbstsüchtige Sorge um den guten Ruf hätte mit im Spiel sein können! Habe ich nicht recht?

Kurz, mein Herr, ich wurde seine Geliebte; und ich war glücklich darüber. Volle zwölf Jahre meines Lebens bin ich glücklich gewesen. Ich wurde aber auch – und das war meine schwere Sünde und eine gemeine Niedertracht –, ich wurde die Freundin seiner Frau.

Wir erzogen meinen Sohn gemeinsam, wir machten aus ihm einen aufrichtigen und verständigen Menschen, einen Jüngling voll Feuer und Lebensmut, und wir nährten in ihm hochherzige und überlegene Gedanken. Der Junge wurde damals sechzehn Jahre alt. Ihn, den Jüngling, liebte mein … Geliebter wohl fast ebenso sehr, wie ich selbst ihn liebte; beide gleicherweise hielten wir ihn wert und in treuer Hut. Der Junge nannte ihn: ›Lieber‹. Er verehrte ihn sehr; er empfing ja nichts anderes von ihm als wohlmeinende und kluge Ratschläge und sah in ihm das Beispiel von Geradheit, Ehrenhaftigkeit und Rechtschaffenheit. Ihm war er der alte, bewährte und ergebene Freund seiner Mutter, deren gütiger Vater etwa, ihr Vormund oder Beschützer – Sie wissen, was ich meine.

Vielleicht hatte er sich selbst nie darüber Rechenschaft gegeben, denn er war ja seit seiner frühesten Kindheit daran gewöhnt, diesen Mann in unserem Hause, mit ihm und mir zusammen, und allezeit um uns beide bemüht zu sehen.

Eines Abends hatten wir miteinander verabredet, zum Essen zusammen zu sein. Diese Abende gehörten zu meinen reinsten Freuden. Ich erwartete die beiden also und machte mir noch ein Spiel daraus, mich davon überraschen zu lassen, wer wohl zuerst eintreffen würde. Die Tür ging auf; es war mein alter Freund. Ich breitete die Arme aus und trat auf ihn zu; er küsste mich lange und zärtlich auf den Mund.

Plötzlich war ein Laut, ein kaum wahrnehmbares Rauschen zu spüren. Wir mochten beide die Empfindung haben, dass jemand in der Nähe sei; wir erbebten und fuhren hastig auseinander. Jean, mein Sohn, stand im Zimmer, aufgereckt, mit fahlem Gesicht. Er starrte uns an.

Es war ein Augenblick grässlichster Verwirrung. Ich wich zurück; wie mit einer beschwörenden Bitte streckte ich meinem Jungen die Hände entgegen. Aber er war nicht mehr da. Er war gegangen.

Wir zwei standen wie zerschmettert voreinander; keiner fand ein Wort. Ich sank in einen Stuhl. Ich fühlte eine wirre Lust, zu entfliehen, in die Nacht hinauszurennen, für immer von hier zu verschwinden. Ein Schluchzen drang aus meiner Brust herauf; und ich weinte, der Krampf schüttelte mich, das Herz brach mir im Leibe, meine Nerven waren ein einziger Schmerz. Welch furchtbares, nie wiedergutzumachendes Unglück! Und Scham, o Scham eines Mutterherzens, die nicht enden kann!

Er … stand da wie außer sich; er wagte nicht, zu mir zu kommen, nicht, mich anzusprechen, nicht, mich anzurühren, aus Furcht, dass der Junge plötzlich zurückkäme. Nach einer langen Zeit sagte er: ›Ich will zu ihm gehen … ihm sagen … ihm alles erklären … schließlich ist es nötig, dass ich mich mit ihm auseinandersetze … dass er es erfährt …‹

Er ging.

Ich wartete … ich wartete in Angst, ich erbebte beim kleinsten Geräusch; in namenlosem Entsetzen lauschte ich; aber nichts war zu hören als das Knistern des Kaminfeuers.

Eine Stunde verrann, zwei Stunden … ich wartete. Aus meinem Herzen stieg jetzt eine neue Furcht auf, eine heiße Sorge, ein Entsetzen andrer Art – ich würde dies, was ich litt, niemandem, nicht für zehn Minuten, und nicht dem ärgsten Verbrecher wünschen! Wo war mein Junge? Was mochte er tun?

Gegen Mitternacht brachte mir ein Bote einen Brief meines Geliebten. Ich weiß ihn noch auswendig: ›Ist dein Sohn zurück? Ich habe ihn nicht gefunden. Ich stehe vor der Tür. Ich möchte lieber nicht heraufkommen.‹

Ich schrieb mit dem Bleistift auf das gleiche Blatt: ›Jean ist nicht zurückgekommen; du musst ihn wiederfinden.‹

Und ich verbrachte die lange Nacht in meinem Stuhl und wartete.

Ich fürchtete wahnsinnig zu werden. Ich hätte schreien, fortrennen, mich am Boden wälzen mögen. Aber ich saß und rührte mich nicht, ich wartete. Was würde er anstellen? Ich versuchte es zu ergründen, es herauszubekommen. Aber es gelang mir nicht, trotz allen Grübelns, trotz aller Herzensqual!

Dann kam mir der Gedanke: Was würde geschehen, wenn sie sich träfen? Was würde der Junge tun? Die schreckliche Ungewissheit warf mich von Neuem nieder, und ich sah Bilder vor Augen, ich sah alles, was kommen konnte …

Sie können es nachfühlen, nicht wahr, mein Herr?

Mein Zimmermädchen, das nichts ahnte und nichts begriff, kam immer wieder herein; sie mochte glauben, ich sei wahnsinnig geworden. Ich schickte sie mit einem Wort oder einem Wink wieder fort. Sie holte einen Arzt. Der traf mich in einer schweren Krise an.

Man brachte mich zu Bett. Ich hatte ein Nervenfieber.

Als ich nach langer Krankheit wieder zu Bewusstsein kam, stand an meinem Bett mein … Geliebter … nur er. Ich rief: ›Mein Sohn? … Wo ist mein Sohn?‹ Er blieb stumm. Ich stammelte:

›Tot … tot … Hat er sich das Leben genommen?‹

Er antwortete: ›Nein, nein, ich schwöre es dir. Aber wir

haben ihn trotz aller Mühe und allen Suchens nicht wiederfinden können.‹

Darauf sagte ich ihm, jäh und zornig – Kranke haben
ja diese unerklärlichen und vernunftswidrigen Wutaus-
brüche –: ›Du sollst nicht wiederkommen, du darfst mich
erst wiedersehen, wenn du ihn gefunden hast; so geh doch.‹

Er verließ mich.

Ich habe sie niemals wiedergesehen, weder den einen
noch den anderen, mein Herr, und ich lebe so seit zwanzig
Jahren.

Können Sie das nachfühlen? Begreifen Sie die grässliche
Marter, das langsame und immerwährende Verbrennen
eines Mutterherzens, eines Frauenherzens und sein endloses ... endloses Warten? ...

Nein ... – nun wird es ja endigen ... denn ich sterbe. Ich
muss sterben, ohne sie wiedergesehen zu haben ... weder
den einen ... noch den anderen!

Er, mein Geliebter, hat mir all die Jahre Tag für Tag geschrieben; und ich, ich habe ihn niemals empfangen wollen,
nicht für eine einzige Sekunde; denn ich stellte mir immer
vor, dass er bei mir einträte, und gleichzeitig – käme auch
mein Sohn zurück! – Mein Sohn! Mein Sohn! – Ist er tot?
Lebt er noch? Wo verbirgt er sich vor mir? In der Ferne
vielleicht, hinter dem Weltmeere, in einem fremden Lande,
dessen Namen ich nicht einmal weiß! Denkt er dort an
mich? .... Oh, wenn er wüsste! Wie grausam Kinder sind!
Hat er gewusst, zu welchen qualvollen Leiden er mich verdammte; in welche Verzweiflung, in welche Marter er mich
gestoßen hat, mich, die noch jung war und so gern lebte –
in ein Leid, das bis an meinen letzten Lebenstag dauern

würde – mich, seine Mutter, die ihn allezeit und mit aller Kraft ihrer Liebe umfangen hielt. Oh, wie grausam, wie sehr!

Sie sollen ihm das alles sagen, mein Herr. Und wiederholen Sie ihm auch meine letzten Worte: ›Mein Junge, mein lieber teurer Junge, sei weniger hart gegen uns arme Menschen. Das Leben auf der Erde ist ohnehin schwer und bitter! Mein teurer Junge, bedenke doch, wie deine Mutter, deine arme Mutter, von dem Tage an, als du sie verließest, hat leben müssen. Mein Kind, sei brav und verzeih ihr. Hab sie wieder lieb, nun sie tot ist, weil sie ja doch die schrecklichste aller Bußen auf sich genommen und getragen hat.‹

Sie seufzte. Die Hände zitterten ihr. Es war, als ob sie mit dem Sohne selbst spräche, der vor ihrem Bette stünde. Noch fügte sie hinzu: ›Sagen Sie ihm auch, mein Herr, dass ich ihn niemals wiedergesehen habe ... den anderen.‹

Sie verstummte abermals. Dann hauchte sie mit verlöschender Stimme: ›Verlassen Sie mich, bitte. Ich möchte allein sterben, weil ... die beiden nicht bei mir sind.‹«

Meister Le Brument fügte hinzu: »Und ich bin gegangen, meine Herren, und ich habe so laut geweint, dass der Kutscher sich umdrehte und mich anstarrte.

Und nun denken zu müssen, dass sich rund um uns täglich Dramen abspielen, wie dieses da!

Ich habe ihn nicht auffinden können ... diesen Sohn ... Denken Sie von mir, was Sie wollen – ich sage: diesen verbrecherischen Sohn.«

SAMUEL BECKETT

Godot

ESTRAGON	*Er wendet sich zu Wladimir.*
	Komm, wir gehen!
WLADIMIR	Wir können nicht.
ESTRAGON	Warum nicht?
WLADIMIR	Wir warten auf Godot.
ESTRAGON	Ach ja. *Pause.* Bist du sicher, daß es hier ist?
WLADIMIR	Was?
ESTRAGON	Wo wir warten sollen.
WLADIMIR	Er sagte, vor dem Baum.
	Sie betrachten den Baum.
	Siehst du noch andere Bäume?
ESTRAGON	Was ist das für einer?
WLADIMIR	Ich weiß nicht … Eine Weide.
ESTRAGON	Wo sind die Blätter?
WLADIMIR	Sie wird abgestorben sein.
ESTRAGON	Ausgetrauert.
WLADIMIR	Es sei denn, daß es an der Jahreszeit liegt.
ESTRAGON	Ist das nicht eher ein Bäumchen?
WLADIMIR	Ein Busch.
ESTRAGON	Ein Bäumchen.
WLADIMIR	Ein – *Er setzt neu an.* Was willst du damit sagen? Daß wir uns im Platz geirrt haben?
ESTRAGON	Er müßte eigentlich hier sein.

WLADIMIR	Er hat nicht fest zugesagt, daß er kommt.
ESTRAGON	Und wenn er nicht kommt?
WLADIMIR	Kommen wir morgen wieder.
ESTRAGON	Und dann übermorgen.
WLADIMIR	Vielleicht.
ESTRAGON	Und so weiter.
WLADIMIR	Das heißt …
ESTRAGON	Bis er kommt.
WLADIMIR	Du kennst kein Erbarmen.
ESTRAGON	Wir waren gestern schon mal hier.
WLADIMIR	Ach was, da täuschst du dich.
ESTRAGON	Was haben wir gestern gemacht?
WLADIMIR	Was wir gestern gemacht haben?
ESTRAGON	Ja.
WLADIMIR	Hm … *Ärgerlich.* Wenn es was zu bezweifeln gibt, bist du der erste.
ESTRAGON	Meiner Meinung nach waren wir hier.
WLADIMIR	*blickt in die Runde* Kommt dir die Gegend bekannt vor?
ESTRAGON	Das will ich nicht sagen.
WLADIMIR	Also?
ESTRAGON	Das will nichts heißen.
WLADIMIR	Immerhin … dieser Baum … *zum Publikum gewandt* dieser Sumpf.
ESTRAGON	Bist du sicher, daß es heute abend war?
WLADIMIR	Was?
ESTRAGON	Daß wir warten sollten?
WLADIMIR	Er sagte Samstag. *Pause.* Scheint mir jedenfalls.
ESTRAGON	Nach Feierabend.

WLADIMIR Ich muss es aufgeschrieben haben. *Er wühlt in seinen Taschen, die voller Krimskrams sind.*

ESTRAGON Aber welcher Samstag? Ist heute denn Samstag? Kann nicht auch Sonntag sein? Oder Montag? Oder Freitag?

WLADIMIR *blickt aufgeregt um sich, als ob das Datum irgendwo in der Landschaft abzulesen wäre* Es ist nicht möglich.

ESTRAGON Oder Donnerstag?

WLADIMIR Was sollen wir machen?

ESTRAGON Wenn er sich gestern abend vergebens hierher bemüht hat, dann kannst du dir denken, daß er heute nicht kommt.

WLADIMIR Du sagst doch, daß wir gestern abend hier waren.

ESTRAGON Ich kann mich irren. *Pause.* Laß uns mal still sein für einen Moment, ja?

WLADIMIR *mit schwacher Stimme* Ja, meinetwegen.

Godot

Du sagst, dass du mich magst
was immer das heißt
klingt ein bisschen wie der Trostpreis
und wenn ich gehen will sagst du bleib
und wenn ich bleib
sagst du
du bist noch nicht
für mich bereit
Halt mich fest
wie der Fluss das Floß
halt mich fest, so fest du kannst
und dann
lass mich los
mit jedem Schritt auf dich zu
entfernst du dich ein Stück
mit jeder kalten Schulter
kommst du ein Stück zurück
du bittest mich freundlich hinein
und schmeißt mich raus
du brichst mir nicht das Herz
nein du leierst es aus

Halt mich fest
wie der Fluss das Floß
halt mich fest, so fest du kannst
und dann
lass mich los

Deine Rechnung geht nicht auf
wenn du sagst
dass wir nicht müssen
denn unterm Strich
will ich dich trotzdem küssen
du flatterst ziellos herum
und suchst deinen Platz
und ich hab heut gemerkt
dass ich nicht warten kann
bis du den gefunden hast

Zulas Lieben

Wir kannten uns zwei Jahre. Nein – kennen. Wir kennen uns seit zwei Jahren.

Zwei Jahre, zwei Fremde in einem fremden Land.

Ich werde Dir in dieser Geschichte einen neuen Namen geben. Ich werde Dinge über Dich schreiben, die nicht wahr sind, nie geschehen sind. Also kannst Du mir später meine Geschichte, Deine Geschichte nicht übel nehmen.

Die teilweise erfundene Frau wird grüne Augen haben. Ich mag grüne Augen, und Du siehst aus wie jemand, der grüne Augen hat. Deine Augen sind blau.

Zwei Fremde in einem fremden Land. Durch Zufall sind wir beide in einem winzigen Dorf in West-Texas gelandet. Zufall oder Liebe oder verlorene Liebe oder um zu vergessen, dass man geliebt hat. Liebe und Zufall sind enge Verwandte. Und am Ende entkommt man weder der einen noch dem anderen.

Es war Sommer, und die Mücken stachen anders als in unserer Heimat. Nicht, dass wir die gleiche Heimat hätten. Aber was ist der Plural von Heimat? Heimaten? Das klingt nicht gut.

Die Mücken stachen, verunstalteten unsere Beine, richtige Beulen hatten wir an den Waden. Zurück blieben winzige Narben.

Ich mochte Dich nicht. Deine Stimme ist zu hoch, zu laut, zu schrill. Ich mochte Dich schon, nur deine Stimme nicht.

Vielleicht sind wir Freunde geworden, weil wir beide nicht hierhergehören.

Mit fünfzehn bist Du in die Welt hinausgezogen, um Deinem Elternhaus zu entkommen. Du hast Dich dort nicht verstanden gefühlt, Du warst anders als deine Geschwister. Das hat Dich schnell erwachsen werden, aber doch auch für immer fünfzehn bleiben lassen.

Von Land zu Land hast Du Deine tausend Kleider geschleppt. Vielleicht nicht tausend, aber unzählige Kleider. Nie hattest Du am Abend dasselbe an wie am Morgen oder am Nachmittag.

Jetzt trägst Du einen grünen Kittel, grün wie Deine fiktiven Augen. Wenn Du aufwachst, wirst Du echte Narben haben. Deutlich sichtbare. Aber das macht nichts. Wenn … Wenn …

Ich nenne Dich Zula, weil mir ein Lied, *Song for Zula,* nicht aus dem Kopf geht. Ich weiß nicht, ob Dir der Name gefallen würde, oder das Lied. Aber ich dichte hier, Zula.

Du warst nach West-Texas gekommen, um eine Freundin zu besuchen. Eigentlich bist Du fortgelaufen vor einer Liebe, die keine Liebe mehr war. Und für drei Wochen hast Du eine neue Liebe gefunden, die eigentlich nie eine war.

Du hast es Männern einfach gemacht, Dich zu lieben. Du schienst immer genau zu wissen, was Du wolltest, wer Du warst, Du hattest einen Plan. Erst jetzt, seit Du diesen grünen Kittel trägst, erkenne ich, dass das nicht die ganze Wahrheit ist. Du hast Dein Leben nach ihnen gerichtet, nach all denen, die Dich geliebt haben. Dich nach ihnen gerichtet. Gehofft, dass ein Leben Dein Leben sein könnte.

Zula, Du bist mutig. Du hast immer daran geglaubt, dass es gut gehen wird. ›Nein‹ hast Du nicht gelten lassen.

Dein Visum ist abgelaufen, einmal haben sie es Dir verlängert. Nach Mexiko, Stempel in den Pass. Drei Monate.

Genau einmal kann man das machen. Das Vierteljahr war fast vorbei.

»Komm mit mir nach Mexiko«, hast Du gesagt. »Ich brauche einen neuen Stempel.«

Das ist gegen die Regeln, sie dürfen nur einmal stempeln. Einmal verlängern.

»Irgendwie krieg ich das hin.«

Also haben wir uns ein Auto geliehen. Und ich hatte Angst. Angst, dass sie Dir nicht nur den Stempel verweigern, sondern Dich fortschicken würden, zurück in Deine Heimat, die schon lange nicht mehr Dein Zuhause ist. Du hast kein Zuhause, nur Lieben auf Zeit und tausend Kleider.

Ein roter Jeep, Du am Steuer, weil ich nie fahre, obwohl ich einen Führerschein habe. Aber ich bin mein gnadenlosester Kritiker. Ich fahre nicht, weil ich weiß, dass ich ein schlechter Autofahrer bin, der schlechteste, den ich kenne. Du bist der zweitschlechteste.

Grenze. Mexiko. Sofort wenden. Grenze. Und dann standen wir da mit unseren Reisepässen. Und die Frau sagte ›Nein‹. Sie könne Dir keinen weiteren Stempel geben.

›Nein‹ hast Du nicht gelten lassen. Du hast der uniformierten Dame von der Liebe erzählt, die keine Liebe mehr war. Hast ihr gesagt, dass Du jetzt hier bist. Dass Du hier sein musst. Dass Du nichts Unrechtes tust. Dass Du Dich doch an die Regeln hältst und Dir alle drei Monate einen Stempel geben lässt. Zula, das waren Deine Regeln.

Die Uniformierte war sprachlos. Sie hat ihren Boss geholt. Deine herausgepressten Tränen und Deine verlorenen Lieben haben den Boss überfordert. Und dann hat er Deinen Pass genommen und gestempelt. Damit wir gehen. Damit Du endlich aufhörst, zu reden und zu weinen.

Wir haben gelacht, und auf dem Rückweg habe ich fast vergessen, was für eine schlechte Autofahrerin Du bist. Es wird schon gut gehen, habe ich gedacht.

Der Winter kam. Ein Mann, der gehofft hat, dass Du ihn eines Tages lieben wirst, hat Dir einen kleinen Hund geschenkt. Aber Du hast nur den Hund geliebt. Viele Monate später hat der Mann Dein Hündchen gestohlen. Um Dir wehzutun. Du weißt, dass Menschen manchmal gemein sind, aber das hast Du Dir nicht vorstellen können. Du dachtest, Dein Hund sei weggelaufen. Hast das ganze Dorf plakatiert. Fünfhundert Dollar Finderlohn. Wir haben uns ein Auto geliehen und sind umhergefahren, haben ihn gesucht. Du wieder am Steuer. Irgendwann hast Du aufgehört zu hoffen, dass Dein Hund zurückkommen wird. »Er ist tot«, hast Du gesagt.

Als Du die Wahrheit herausgefunden hast, hast Du geweint, echte Tränen. Zula, solche Männer verstehen nicht, was ein kleiner Hund einer Frau mit tausend Kleidern und so vielen Lieben bedeuten kann.

Im nächsten Sommer stachen die Mücken wieder, aber unsere Körper hatten sich an ihr Gift gewöhnt. Die Beulen waren kleiner.

Du wurdest unruhig.

Wir saßen draußen, über uns der Himmel. Deine Zeit in dem winzigen Dorf in West-Texas neigte sich dem Ende zu, Du wolltest weiter. Weitersuchen, ein Leben finden, dass Deins sein könnte. Aber Du wusstest nicht, wohin. Ein Zurück gab es nicht. Zurück wolltest Du nie.

Vielleicht begann ich in dieser Augustnacht zu sehen, wer Du bist, dass Du mehr verloren als gefunden hast. An all den Orten, an denen Du Deine Kleider ausgepackt hast.

Der Winter war hässlich – für uns beide. Doch wir hatten uns. Fremde, die Freunde geworden sind. Ein Mensch, mit dem man reden kann. Und mit Dir, Zula, konnte man über alles sprechen.

Einmal hast Du gesagt, dass Du glaubst, Du würdest nicht alt werden. Ich habe gelacht. »Du wirst alt werden. Ich kann dich sehen. Mit all deinen Kleidern. Eine Zigarette in der einen Hand, einen Drink in der anderen. Um dich herum eine Schar junger Männer. Männer, die dich lieben.«

Lass mich recht haben, Zula.

Sie haben Dir einen gelben Kittel angezogen. Dich gewaschen. Wach auf.

Frühling. Eine neue Liebe. Auch ihn hatte der Zufall nach West-Texas gebracht. Ein paar Wochen wollte er bleiben. Du weißt, was Du willst, Zula. Aber er war anders als die Lieben zuvor. Ihn hast Du nicht einfangen können. Er hat Dir nicht sein Leben zu Füßen gelegt. Keine Versprechen. Keine Schwüre. Er ging zurück nach New York. Und Dir fielen plötzlich unzählige Gründe ein, warum Deine nächste Station New York sein musste. Er stand nicht auf der Liste. Aber ich kenne Dich, er war der einzige Grund.

Du hast Deine tausend Kleider und eine gigantische Couch in einen Umzugswagen gepackt. Wir nahmen Abschied. Meine Fremde, meine Freundin.

Ich habe mich für Dich gefreut, obwohl ich traurig war. Sorgen habe ich mir gemacht, Du bist eine miserable Autofahrerin und der Weg nach New York weit.

Wir wussten beide, dass wir nicht oft telefonieren oder uns schreiben würden, dass wir in diesem ›Kontakthalten‹ nicht gut sind.

Du hast es nach New York geschafft.

Auf seine Art hat der Mann aus New York Dich geliebt, von Anfang an und jetzt vielleicht mehr als je zuvor. Ich wünschte mir, Du würdest Deine Augen aufmachen und ihn sehen.

Lange wusste ich nicht, wie unglücklich Du in New York warst. Dein abgelaufenes Visum hat die Jobsuche erschwert. Du hattest kaum Geld, die meisten Menschen, die Du dort kanntest, haben Dich enttäuscht. Deine neue Liebe hat getan, was er konnte. Aber Zula, auch er ist ein Suchender, ein Reisender.

Die Frau, die er in einem winzigen Dorf in Texas kennengelernt hatte, die Frau, die genau wusste, was sie wollte, wer sie war, zerfiel.

Um die Liebe zu retten oder sie zu vergessen, hast Du Dich entschieden zurückzukommen. Zurück nach West-Texas. Um wieder Du zu werden, um wieder ganz zu werden.

Du hast einen Teil Deiner Kleider verkauft. Die restlichen habt ihr in seinen Truck gepackt und seid hergefahren. Fünf Tage wollte er bleiben, dann nach New York fliegen. Einen Monat arbeiten und wieder zurück nach Texas, zurück zu Dir. Für eine Weile. Tage, vielleicht Wochen. Je nachdem. Keine Versprechen, keine Schwüre.

Und dann saßt Du neben mir. Als ob Du nie fort gewesen wärst. Ich war glücklich, Zula.

Ob ich mitkommen, ihn mit Dir zum Flughafen bringen will, hast Du mich gefragt. Ich konnte nicht. Ich musste schreiben, diese Geschichte, die eine andere Geschichte werden sollte und jetzt Deine Geschichte ist.

Du hast ihn abgesetzt, und dann bist Du nicht weit gekommen.

Ein Stoppschild hast Du überfahren. Ein LKW hat Dich gerammt.

Jetzt liegst Du hier und wachst nicht auf.

Zula, ich warte.

Ein Kinderlied

So lag Bärlach da und wartete auf den Tod. Die Zeit verging, die Zeiger schoben sich herum, deckten sich, strebten auseinander und kamen wieder zusammen, trennten sich von Neuem. Es wurde halb ein Uhr, ein Uhr, fünf nach eins, zwanzig vor zwei, zwei Uhr, zehn nach zwei, halb drei. Das Zimmer lag da, unbeweglich, ein toter Raum im schattenlosen, blauen Licht, die Schränke voll mit seltsamen Instrumenten hinter Glas, in dem sich Bärlachs Gesicht und Hände undeutlich spiegelten. Alles war da, der weiße Operationstisch, das Bild Dürers mit dem mächtigen, erstarrten Pferd, die metallene Fläche über dem Fenster, der leere Stuhl, mit der Lehne gegen den Alten gekehrt, nichts Lebendiges als das mechanische Ticktack der Uhr. Es wurde drei, es wurde vier. Kein Lärm, kein Stöhnen, kein Reden, kein Schrei, keine Schritte drangen zu dem alten Mann, der da lag auf einem metallenen Bett, der sich nicht rührte, kaum dass sich sein Leib hob und senkte. Es gab keine Außenwelt mehr, keine Erde, die sich drehte, keine Sonne und keine Stadt. Es gab nichts mehr als eine grünliche runde Scheibe mit Zeigern, die sich verschoben, die ihre Stellung zueinander veränderten, die sich einholten, deckten, die auseinanderstrebten. Es wurde halb fünf, fünfundzwanzig vor fünf, dreizehn vor fünf, fünf

Uhr, fünf Uhr eins, fünf Uhr zwei, fünf Uhr drei, fünf Uhr vier, fünf Uhr sechs. Bärlach hatte sich mühsam mit dem Oberkörper aufgerichtet. Er läutete einmal, zweimal, mehrere Male. Er wartete. Vielleicht konnte er noch mit Schwester Kläri reden. Vielleicht, dass ein Zufall ihn retten konnte. Halb sechs. Er drehte seinen Leib mühsam herum. Dann fiel er. Lange blieb er vor dem Bett liegen, auf einem roten Teppich, und über ihm, irgendwo über den gläsernen Schränken tickte die Uhr, schoben sich die Zeiger herum, wurde es dreizehn vor sechs, zwölf vor sechs, elf vor sechs. Dann kroch er langsam gegen die Türe, schob sich mit den Unterarmen vor, erreichte sie, versuchte sich aufzurichten, nach der Falle zu greifen, fiel zurück, blieb liegen, versuchte es noch einmal, ein drittes Mal, ein fünftes Mal. Vergeblich. Er kratzte an der Türe, da ihm das Schlagen mit der Faust zu mühsam wurde. Wie eine Ratte, dachte er. Dann lag er wieder unbeweglich, schob sich endlich ins Zimmer zurück, hob den Kopf, schaute nach der Uhr. Sechs Uhr zehn. »Noch fünfzig Minuten«, sagte er laut und deutlich in die Stille hinein, dass er erschrak. »Fünfzig Minuten.« Er wollte ins Bett zurück; aber er fühlte, dass er die Kraft nicht mehr besaß. So lag er da, vor dem Operationstisch und wartete. Um ihn das Zimmer, die Schränke, die Messer, das Bett, der Stuhl, die Uhr, immer wieder die Uhr, eine verbrannte Sonne in einem bläulichen verwesenden Weltgebäude, ein tickender Götze, ein tackendes Antlitz ohne Mund, ohne Augen, ohne Nase, mit zwei Falten, die sich gegeneinanderzogen, die nun zusammenwuchsen – fünfundzwanzig vor sieben, zweiundzwanzig vor sieben –, die sich nicht zu trennen schienen, die sich nun doch trennten … einundzwanzig vor sieben, zwanzig vor sieben, neunzehn vor sieben. Die Zeit schritt fort, schritt weiter, mit leiser Erschütterung im unbestechlichen Takte der Uhr, die allein unbeweglich war, der ruhende Magnet. Zehn vor sieben. Bärlach richtete sich halb auf, lehnte sich gegen den Operationstisch mit dem Oberkörper, ein alter, sitzender, kranker Mann, allein und hilflos. Er wurde ruhig. Hinter ihm war die Uhr und vor ihm die Türe, auf die er starrte, ergeben und demütig, dieses Rechteck, durch das *er* treten musste, *er,* auf den er wartete, *er,* der ihn töten würde, langsam und exakt wie eine Uhr, Schnitt um Schnitt mit den blitzenden Messern. So saß er da. Nun war die Zeit in ihm, das Ticken in ihm, nun brauchte er nicht mehr hinzuschauen, nun wusste er, dass er nur noch vier Minuten zu warten hatte, noch drei, nun noch zwei: nun zählte er die Sekunden, die eins mit dem Schlagen seines Herzens waren, noch hundert, noch sechzig, noch dreißig. So zählte er, plappernd mit weißen, blutleeren Lippen, so starrte er, eine lebende Uhr, nach der Türe, sie sich nun öffnete, nun, um sieben, mit einem Schlag: die sich ihm darbot als eine schwarze Höhle, als ein geöffneter Rachen, in dessen Mitte er schemenhaft und undeutlich eine riesige, dunkle Gestalt ahnte, doch war es nicht Emmenberger, wie der Alte glaubte; denn aus dem gähnenden Schlund dröhnte höhnisch und heiser dem Kommissär ein Kinderlied entgegen:

»Hänschen klein
ging allein
in den großen Wald hinein«,

sang die pfeifende Stimme, und im Rahmen der Türe, sie füllend, stand mächtig und breit, im schwarzen Kaftan, der zerfetzt an den gewaltigen Gliedern herunterhing, der Jude Gulliver.

»Sei mir gegrüßt, Kommissar«, sagte der Riese und schloss die Türe. »Da finde ich dich nun wieder, du trauriger Ritter ohne Furcht und Tadel, der du ausgezogen bist, mit dem Geist das Böse zu bekämpfen, sitzend vor einem Schragen, der jenem ähnlich ist, auf dem ich einmal gelegen bin im schönen Dörfchen Stutthof bei Danzig.« Und er hob den Alten in die Höhe, dass der an des Juden Brust lag wie ein Kind, und brachte ihn ins Bett.

»Hergenommen«, lachte er, wie der Kommissär immer noch keine Worte fand, sondern totenbleich dalag, und holte aus den Fetzen seines Kaftans eine Flasche mit zwei Gläsern.

»Wodka habe ich keinen mehr«, sagte der Jude, als er die Gläser füllte und sich zu dem Alten ans Bett setzte. »Aber in einem verlotterten Bauernhaus irgendwo im Emmental, in einem Krachen voll Finsternis und Schnee, habe ich mir einige verstaubte Flaschen von diesem wackeren Kartoffelschnaps gestohlen. Auch gut. Einem Toten darf man das nachsehen, nicht wahr, Kommissar. Wenn sich eine Leiche wie ich – eine Feuerwasserleiche gewissermaßen – ihren Tribut von den Lebenden in Nacht und Nebel holt, als Zwischenverpflegung, bis sie sich wieder in ihre Gräber bei den Sowjetern verkriecht, so ist das in Ordnung. Da, Kommissar, trink.«

Er hielt ihm das Glas an die Lippen, und Bärlach trank. Es tat ihm gut, wenn er auch dachte, es sei wieder gegen jede Medizin.

»Gulliver«, flüsterte er und tastete nach dessen Hand. »Wie konntest du wissen, dass ich in dieser verfluchten Mausefalle bin?«

Der Riese lachte. »Christ«, antwortete er, und die harten Augen in seinem narbenbedeckten, wimpern- und brauenlosen Schädel funkelten (er hatte inzwischen einige Gläser getrunken). »Wozu ließest du mich denn sonst ins Salem kommen? Ich wusste gleich, dass du einen Verdacht gefasst haben musstest, dass vielleicht die unschätzbare Möglichkeit vorhanden war, diesen Nehle doch noch unter den Lebenden zu finden. Ich glaubte keinen Augenblick, es sei nur ein psychologisches Interesse, das dich nach Nehle fragen lasse, wie du damals in dieser Nacht voll Wodka behauptet hast. Sollte ich dich allein ins Verderben rennen lassen? Man kann heute nicht mehr das Böse allein bekämpfen, wie die Ritter einst allein gegen irgendeinen Drachen ins Feld zogen. Die Zeiten sind vorüber, wo es genügt, etwas scharfsinnig zu sein, um die Verbrecher, mit denen wir es heute zu tun haben, zu stellen. Du Narr von einem Detektiv; die Zeit selbst hat dich ad absurdum geführt! Ich ließ dich nicht mehr aus den Augen und bin gestern in der Nacht dem braven Doktor Hungertobel leibhaftig erschienen. Ich musste ordentlich arbeiten, bis ich ihn aus seiner Ohnmacht herausbrachte, so fürchtete er sich. Doch dann wusste ich, was ich wissen wollte, und nun bin ich da, um die alte Ordnung der Dinge wiederherzustellen. Dir die Mäuse in Bern, mir die Ratten von Stutthof. Das ist die Teilung der Welt.«

»Wie bist du hergekommen?«, fragte Bärlach leise.

Des Riesen Antlitz verzog sich zu einem Grinsen. »Nicht

unter irgendeinem Sitz der SBB versteckt, wie du denkst«, antwortete er, »sondern im Wagen Hungertobels.«

»Er lebt?«, fragte der Alte, der sich endlich in die Gewalt bekam, und starrte den Juden atemlos an.

»Er wird dich in wenigen Minuten ins alte, gewohnte Salem zurückführen«, sagte der Jude und trank in mächtigen Zügen den Kartoffelschnaps. »Er wartet vor dem Sonnenstein inzwischen in seinem Wagen.«

»Der Zwerg«, schrie Bärlach totenbleich in der plötzlichen Erkenntnis, dass der Jude von dieser Gefahr ja nichts wissen konnte. »Der Zwerg! Er wird ihn töten!«

»Ja, der Zwerg«, lachte der Riese schnapstrinkend, unheimlich in seiner wilden Zerlumptheit, und pfiff mit den Fingern seiner rechten Hand schrill und durchdringend, wie man einem Hund pfeift. Da schob sich die Metallfläche über dem Fenster in die Höhe, affenartig sprang ein kleiner schwarzer Schatten mit einem tollkühnen Überschlag ins Zimmer, unverständliche gurgelnde Laute ausstoßend, glitt blitzschnell zu Gulliver und sprang ihm auf den Schoß, das hässliche, greisenhafte Zwergengesicht an des Juden zerfetzte Brust gepresst, dessen mächtigen haarlosen Schädel mit den kleinen verkrüppelten Ärmchen umschlingend.

»Da bist du ja, mein Äffchen, mein Tierchen, mein kleines Höllenmonstrum«, herzte der Jude den Zwerg mit singender Stimme. »Mein armer Minotaurus, mein geschändetes Heinzelmännchen, der du so oft in den blutroten Nächten von Stutthof weinend und winselnd in meinen Armen eingeschlafen bist, du einziger Gefährte meiner armen Judenseele! Du mein Söhnlein, du meine Alraunwurzel. Belle, mein verwachsener Argos, Odyss ist zu dir zurückgekehrt

96

auf seiner endlosen Irrfahrt. Oh, ich habe es mir gedacht, dass du den armen betrunkenen Fortschig in ein anderes Leben gebracht hast, dass du in den Lichtschacht geglitten bist, mein großer Molch, wurdest du doch schon damals in unserer Schinderstadt zu solchen Kunststücken dressiert vom bösen Hexenmeister Nehle, oder Emmenberger oder Minos, was weiß ich, wie er heißt. Da, beiß in meinen Finger, mein Hündchen! Und wie ich neben Hungertobel im Wagen sitze, höre ich ein freudiges Gewinsel hinter mir, wie das einer räudigen Katze. Es war mein armer kleiner Freund, Kommissar, den da meine Faust hinter dem Sitz hervorzog. Was wollen wir nun mit diesem kleinen Tierchen machen, das doch ein Mensch ist, mit diesem Menschlein, das man doch vollends zu einem Tier entwürdigte, mit diesem Mörderchen, das allein von uns allen unschuldig ist, aus dessen traurigen, braunen Augen uns der Jammer aller Kreatur entgegensieht?«

Der Alte hatte sich in seinem Bett aufgerichtet und sah nach dem gespenstischen Paar, nach diesem gemarterten Juden und nach dem Zwerg, den der Riese auf seinen Knien wie ein Kind tanzen ließ.

»Und Emmenberger?«, fragte er, »was ist mit Emmenberger?«

Da wurde des Riesen Antlitz wie ein grauer vorweltlicher Stein, in den hinein die Narben wie mit einem Meißel gehauen waren. Er schmetterte die eben geleerte Flasche mit einem Schwung seiner gewaltigen Arme gegen die Schränke, dass ihr Glas zersplitterte, dass der Zwerg, pfeifend wie eine Ratte vor Angst, mit einem Riesensprung sich unter dem Operationstisch versteckte.

»Was frägst du danach, Kommissar?«, zischte der Jude, doch hatte er sich blitzschnell wieder gefasst – nur die fürchterlichen Schlitze der Augen funkelten gefährlich –, und gemächlich holte er eine zweite Flasche aus seinem Kaftan und begann von Neuem in wilden Zügen zu trinken. »Es macht durstig, in einer Hölle zu leben. Liebet eure Feinde wie euch selbst, sagte einer auf dem steinigen Hügel Golgatha und ließ sich ans Kreuz schlagen, an dessen elendem halb verfaulten Holz er hing, mit einem flatternden Tuch um die Lenden. Bete für Emmenbergers arme Seele, Christ, nur die kühnen Gebete sind Jehova gefällig. Bete! Er ist nicht mehr, der, nach dem du fragst. Mein Handwerk ist blutig, Kommissar, ich darf nicht an theologische Studien denken, wenn ich meine Arbeit verrichten muss. Ich war gerecht nach dem Gesetze Mosis, gerecht nach meinem Gotte, Christ. Ich habe ihn getötet, wie einst Nehle in irgendeinem ewig feuchten Hotelzimmer Hamburgs getötet wurde, und die Polizei wird ebenso unfehlbar auf Selbstmord schließen, wie sie damals darauf geschlossen hat. Was soll ich dir erzählen? Meine Hand führte die seine, von meinen Armen umschlungen, presste er sich die tödliche Kapsel zwischen die Zähne. Des Ahasver Mund ist schweigsam, und seine blutleeren Lippen bleiben geschlossen. Was zwischen uns vorging, zwischen dem Juden und seinem Peiniger, und wie sich die Rollen nach dem Gesetz der Gerechtigkeit vertauschen mussten, wie ich der Peiniger und er das Opfer wurde, das wisse außer uns zweien Gott allein, der dies alles zuließ. Wir müssen Abschied voneinander nehmen, Kommissar.«

Der Riese stand auf.

»Was wird nun?«, flüsterte Bärlach.

»Nichts wird«, antwortete der Jude, packte den Alten bei den Schultern und riss ihn gegen sich, sodass ihre Gesichter nah beieinander waren, Auge in Auge getaucht. »Nichts wird, nichts«, flüsterte der Riese noch einmal. »Keiner weiß, außer dir und Hungertobel, dass ich hier war; unhörbar glitt ich, ein Schatten, durch die Korridore, zu Emmenberger, zu dir, keiner weiß, dass es mich gibt, nur die armen Teufel, die ich rette, eine Handvoll Juden, eine Handvoll Christen. Lassen wir die Welt Emmenberger begraben und lassen wir den Zeitungen die ehrenden Nekrologe, mit denen sie dieses Toten gedenken werden. Die Nazis haben Stutthof gewollt, die Millionäre diesen Spittel, andere werden anderes wollen. Wir können als Einzelne die Welt nicht retten, das wäre eine ebenso hoffnungslose Arbeit wie die des armen Sisyphos; sie ist nicht in unsere Hand gelegt, auch nicht in die Hand eines Mächtigen oder eines Volkes oder in die des Teufels, der doch am mächtigsten ist, sondern in Gottes Hand, der seine Entscheide allein fällt. Wir können nur im Einzelnen helfen, nicht im Gesamten, die Begrenzung des armen Juden Gulliver, die Begrenzung aller Menschen. So sollen wir die Welt nicht zu retten suchen, sondern zu bestehen, das einzige wahrhafte Abenteuer, das uns in dieser späten Zeit noch bleibt.« Und sorgfältig, wie ein Vater ein Kind, legte der Riese den Alten in sein Bett zurück.

»Komm, mein Äffchen«, rief er und pfiff. Mit einem einzigen gewaltigen Sprung, winselnd und lallend, schnellte der Zwerg hervor und auf des Juden linke Schulter.

»So ist's recht, mein Mörderchen«, lobte ihn der Riese.

»Wir zwei bleiben zusammen. Sind wir doch beide aus der menschlichen Gesellschaft gestoßen, du von Natur und ich, weil ich zu den Toten gehöre. Leb wohl, Kommissar, es geht auf eine nächtliche Reise in die große russische Ebene, gilt, einen neuen düsteren Abstieg in die Katakomben dieser Welt zu wagen, in die verlorenen Höhlen jener, die von den Mächtigen verfolgt werden.«

Noch einmal winkte der Jude dem Alten zu, dann griff er mit beiden Händen hinein ins Gitter, bog die Eisenstäbe auseinander und schwang sich zum Fenster hinaus.

»Leb wohl, Kommissar«, lachte er noch einmal mit seiner seltsam singenden Stimme, und nur seine Schultern und der mächtige nackte Schädel waren zu sehen, und an seiner linken Wange das greisenhafte Antlitz des Zwerges, während der fast gerundete Mond auf der andern Seite des gewaltigen Kopfs erschien, sodass es war, als trüge jetzt der Jude die ganze Welt auf den Schultern, die Erde und die Menschheit. »Leb wohl, mein Ritter ohne Furcht und Tadel, mein Bärlach«, sagte er, »Gulliver zieht weiter zu den Riesen und zu den Zwergen, in andere Länder, in andere Welten, immerfort, immerzu. Leb wohl, Kommissar, leb wohl«, und mit dem letzten »Leb wohl« war er verschwunden.

Der Alte schloss die Augen. Der Friede, der über ihn kam, tat ihm wohl; umso mehr, da er nun wusste, dass in der leise sich öffnenden Türe Hungertobel stand, ihn nach Bern zurückzubringen.

VLADIMIR SOROKIN

Die Schlange

– Genosse, wer ist der Letzte?

– Ich wahrscheinlich, aber nach mir kommt noch eine Frau im blauen Mantel.

– Dann komme ich nach ihr?

– Ja. Sie kommt gleich wieder. Stellen Sie sich so lange hinter mich.

– Und Sie bleiben stehen?

– Ja.

– Ich müsste nämlich für eine Minute weg, wirklich nur für eine Minute.

– Es ist sicher besser, Sie warten. Sonst kommen andere, und was soll ich denen dann erzählen? Sie hat gesagt, sie käme gleich wieder.

– Na gut. Dann warte ich. Stehen Sie schon lange?

– Nicht sehr …

– Und wissen Sie, wie viel es gibt pro Person?

– Weiß der Teufel … ich habe nicht einmal gefragt. Wissen Sie nicht, wie viel es pro Person gibt?

– Heute nein. Gestern, hab ich gehört, gab es für jeden zwei.

– Zwei?

– Aha. Zuerst vier, dann zwei.

– So wenig! Das lohnt ja das Anstehen nicht …

– Stellen Sie sich in zwei Schlangen an. Tagestouristen stellen sich sogar dreimal an.

– Dreimal?

– Aha.

– Da steht man ja den ganzen Tag!

– Ach was. Die hier arbeiten schnell.

– Na, ich weiß ja nicht. Wir rühren uns doch kaum vom Fleck …

– Und immer drängeln sich wieder welche rein, die weggegangen waren.

– Viele gehen weg und stellen sich wieder rein …

– Ist doch nicht schlimm, jetzt geht es schnell …

– Sie wissen nicht, wie viel es gibt pro Person?

– Angeblich drei.

– Das ginge noch. Am Savelevskij kriegt jeder nur eine.

– Weil es dort keinen Sinn hätte, mehr auszugeben. Dort räumen die Tagestouristen sowieso alles ab.

– Sagen Sie, war die Schlange gestern auch so lang?

– Ungefähr.

– Und haben Sie gestern auch angestanden?

– Ja.

– Lange?

– Nein, nicht sehr …

– Und sind sie auch nicht zerknautscht?

– Zuerst waren sie in Ordnung, aber gegen Ende war alles Mögliche dabei.

– Heute suchen sie sicher auch zuerst die Besten raus, und uns lassen sie die Schlechten.

– Ach was, sie sind alle gleich, ich habs gesehn.

– Wirklich?

– Aha. Die Schlechten werden ausgesondert.

– Die und aussondern! Von wegen!

– Sie sind verpflichtet, den Ausschuss zu notieren.

– Ach, hören Sie auf! Verpflichtet! Damit machen sie ihre Geschäfte …

– Wir werden ja sehn, was soll der Streit …

– Da kommt die Frau. Sie kommen nach ihr.

– Die große da?

– Ja.

– Ich komme also nach Ihnen?

– Wahrscheinlich. Ich komme hier nach diesem Bürger.

– Dann ich nach Ihnen.

– Und ich nach Ihnen.

– Und Sie nach mir. Kann ich jetzt gehen?

– Natürlich.

– Ich bin in einer Minute wieder da, muss nur meine Wäsche abholen … hier nebenan …

– Machen sie heute bis sechs?

– Ich glaube: ja, bis sechs …

– Dann komme ich später wieder …

– Haben Sie nicht gesehen, ob die da Kohl bekommen haben?

– Nein. Dort stehen sie nach Apfelsinen an, Kohl gibt es keinen.

– Weil er noch nicht reif ist, es hat keinen Sinn, ihn schon zu ernten.

– Auf dem Leninskij haben sie jungen verkauft, der war sehr gut.

– Ach was! Nichts als lose Blätter.

– Junger Kohl ist gesund.

– Also wie die sich da vordrängeln, ist frech. Mann, warum lassen Sie die vor?! Sollen wir den ganzen Tag hier stehen?! Die drängeln sich vor!

– Sie haben sich den Platz freihalten lassen und waren mal kurz weg …

– Nichts haben die sich freihalten lassen!

– Wir haben hier gestanden, schreien Sie nicht so.

– Sie haben nicht hier gestanden! Ich stehe hier seit dem frühen Morgen!

– Sie haben hier gestanden, ich habe es gesehen …

– Stellen sich an und gehen dann den halben Tag weg.

– Also, meiner Meinung nach haben sie sich nicht angestellt. Ich habe sie nicht gesehen.

– Doch, sie haben.

– Sie haben, doch, doch …

– Sie haben hier gestanden, beruhigen Sie sich doch!

– Beruhigen Sie sich doch selber!

– Also gut, es hat doch keinen Sinn, hier herumzuschreien. Die Leute haben hier angestanden, sind weggegangen. Das ist normal …

– Irgendwie haben die es heute nicht eilig …

– Können Sie was sehen?

– Ein bisschen.

– Die Rothaarige ist besonders langsam. Gestern hat sie sich bewegt wie eine lahme Ente.

– Sie ist doch nicht etwa allein?

– Es sind zwei.

– Ich kann sie nicht sehen …

– Kommen Sie hierher, von hier können Sie sie sehen.

– Ah, ja. Zwei. Die da scheint flinker zu sein.

– Die Schwarze ist schneller.

– Beide arbeiten völlig normal, es sind nur so viele Leute.

– Leute sind immer viele da.

– Und die wühlen, die wählen auch noch!

– Ja … und wir rühren uns nicht vom Fleck …

– Macht nichts, gleich geht es schneller.

– Wenn wenigstens jeder drei bekäme …

– Bekommen Sie ja.

– Hoffentlich kommen wir noch dran …

– Für uns reicht es.

– Wann sie gestern Schluss gemacht haben, wissen Sie nicht?

– Tut mir leid … ich bin früher weg …

– Verzeihung, komme ich nicht nach Ihnen?

– Nein, Sie sind vor mir.

– Ah, ja! Ich bin nach Ihnen.

– Ja.

– Ich habs grade noch geschafft.

– Wieso, machen sie heute früher Schluss?

– Nach mir haben sie keinen mehr drangenommen.

– Auch richtig so …

– Sagen Sie, haben Sie die Butter da drüben gekauft?

– Nein, im Zentrum.

– Da drüben gab es heute früh dreihundertfünfzig, jetzt ist alles weg.

– Nachmittags gibts wieder welche …

– Manchmal liefern sie auch morgens … Aber was kümmerts die. Eine Stunde früher oder später, ist denen doch egal!

– Wissen Sie, ich glaube, ich gehe …

– Sie gehen weg?

– Ja. Ich stehe schon drei Stunden, und es geht und geht nicht vorwärts …

– Sind Sie der Letzte?

– Ja.

– Mädchen, kommen Sie her. Der junge Mann ist gegangen, stellen Sie sich an seinen Platz.

– Danke.

– Keine Ursache. Ihm müssen Sie danken. Haben Sie die Nelken vom Markt?

– Nein. Aus einem Geschäft.

– Aus dem da, rechts?

– Ja.

– Sind die schön. Glück muss der Mensch haben.

– Die sind da alle so groß.

– Ich habe solche noch nie gesehen. Sie haben anscheinend immer Glück.

– Was hat denn das mit mir zu tun.

– Sympathische Menschen haben immer Glück.

– Das ist doch Quatsch … Stehen Sie schon lange?

– Nicht sehr.

– Geht es langsam?

– Jetzt geht es sicher bedeutend schneller.

– Warum?

– Weil Sie gekommen sind.

– Ach, hören Sie auf! Sie selbst gestrickter Witzbold.

– Sie beleidigen mich. Ich bin kein Autodidakt.

– Wieso, haben Sie irgendwo studiert?

– Ja.

– Und wo?

– Überall ein bisschen.

– Von jedem ein Fädchen, gibt dem Bettler ein Hemd.

– Aha. Verzeihen Sie, und wie heißen Sie?

– Wozu wollen Sie das wissen?

– Ich muss es wissen.

– Nichts müssen Sie. Ich sage es Ihnen nicht.

– Na, sagen Sie es schon, seien Sie kein Spielverderber.

– Nee.

– Sagen Sies schon, bitte.

– Aber wozu wollen Sie das wissen?

– Fällt Ihnen doch keine Perle aus der Krone, oder?

– Das nicht. Also bitte. Ich heiße Lena.

– Und ich Vadim.

– Und nun?

– Nichts. Es atmet sich einfach leichter.

– Oj, ich kann nicht mehr!

– Was können Sie nicht mehr?

– Nichts.

– Was – nichts?

– Stehen Sie doch ruhig, junger Mann!

– Ich störe Sie ja wohl nicht, oder?

– Steht da und plappert in einem fort. Er könnte mal ein bisschen die Klappe halten.

– Halten Sie doch die Klappe.

– Genau, die Klappe soll er halten.

– Halten Sie sie doch selber. Nur nicht nervös werden.

– Selber nervös.

– Ach, ihr könnt mich doch alle … Lena, Sie arbeiten nicht zufällig in dem Textilgeschäft?

– Erraten.

– Da war nicht viel zu raten. Das Textilgeschäft ist gleich hier um die Ecke, erstens; Sie sind ein sympathisches Mädchen – zweitens. Passt alles zusammen.

– So einfach ist das alles für Sie … oh, oh, wie die drängeln …

– Eh, mal langsam da vorn, was drängeln Sie!

– Die vor mir drängeln, nicht ich!

– Ein Albtraum! Vorsicht, verflucht …

– Oj, die erdrücken uns noch … Mann! Vorsicht, also wirklich …

– Das bin nicht ich!

– Was ist denn los? Warum gehen wir rückwärts?

– Was ist da passiert?

– Ich kann nichts sehen …

– Eh, Bürgerin, was ist da los?

– Die begradigen die Schlange.

– So ein Blödsinn … hier habe ich vor einer Stunde gestanden … wozu ist das nötig …

– Wo soll ich hin, noch ein bisschen …

– Dafür geht es jetzt schneller.

– Wohl kaum. Die rempeln, was rempeln Sie?

– Ich remple nicht, ich stehe ganz ruhig.

– Hat die Wäscherei schon zu, Mann?

– Ja. Ich sagte doch – ich habs grade noch geschafft.

– Sie kommen zu spät. Erst wieder nach der Mittagspause.

– Ist hier nicht ein Frisiersalon in der Nähe?

– Was, willst du dir deine wunderschönen Haare verunstalten lassen?

– Das ist meine Sache … oj, was drängeln Sie so …

– Nicht drängeln.

– Ich drängel doch nicht. Das sind die da vorn.

– Sie treten mir dauernd auf die Füße ... Also – gibt es hier einen Frisiersalon?

– Ja. Zwar nicht ganz in der Nähe, aber es gibt einen. Weißt du ... wie soll ichs dir erklären ... du gehst den halben Häuserblock geradeaus, dann – rechts. So eine kleine enge Straße.

– Wie heißt sie?

– Weiß ich nicht ... ist so eine Gasse ...

– Also geradeaus und dann rechts?

– Ja. Aber komm, ich begleite dich, du verläufst dich sonst.

– Ach was! Ich finde es schon.

– Komm, komm.

– Und die Schlange?

– Du meinst, wir verlieren den Platz? Ach was! Schau mal, wie viele sich nach uns angestellt haben.

– Du meine Güte! Kein Ende zu sehen.

– Entschuldigen Sie. Wir gehn mal für ein halbes Stündchen weg, in Ordnung?

– Bitte.

– Gehn wir.

– Ja ... Niemand will mehr Schlange stehen.

– Wieso auch. Das sind junge Leute. Sie langweilen sich.

– Und wir langweilen uns wohl nicht, wie?

– Die laufen herum, und wir braten in der Hitze.

– Ja. Es brennt richtig ... Erst sah es nach Wolken aus, aber jetzt – knallt die Sonne!

– Und wie viel hatten sie für heute vorhergesagt?

– Dreiundzwanzig.

– Jetzt haben wir sicher fünfundzwanzig.

– Nein, weniger.

– Es sind genau fünfundzwanzig!

– Das scheint nur so. Der Wind fehlt, deshalb ist es so schwül.

– Merkwürdig. Die Pappeln bewegen sich, aber der Wind ist nicht zu spüren. Er bringt keine Kühle.

– Kühle hier in der Stadt. Für Kühle braucht es einen Fluss, Gras. Hier gibts doch nur Staub und Asphalt …

– Da weiter vorn ist Schatten, von dem Haus …

– Bis dahin stehen wir noch eine Weile … Es geht überhaupt nicht vorwärts …

– Doch, wir sind schon weiter. Die Urne dort haben wir schon hinter uns.

– Wenn Sie mich fragen, hatten wir die schon immer hinter uns.

– Nein, Sie irren.

– Ich gehe mir ein Eis holen … bin in einer Minute zurück …

– Bringen Sie mir eins mit? Zu achtundzwanzig … Hier ist Geld …

– Geben Sie her …

– Wenn es Ihnen nichts ausmacht …

– Aber nein, nein …

– Nach Eis stehn die Leute sicher auch Schlange.

– Die ist kurz, nicht schlimm.

– Wie die es im Mantel aushält! Zum Verrücktwerden.

– Sag das nicht …

– Vielleicht ist ihr kalt. Es gibt so eine Krankheit.

– Sie wissen nicht … Sie wissen nicht, welche Farbe sie haben?

– Verschieden.

– Ich habe gehört, vor allem hellbraun.

– Keine dunklen?

– Doch, dunkle gibts auch.

– Das ist gut.

– Ich hätte am liebsten so dunkel wie möglich …

– Naja, je nachdem, wie es kommt. Die wechseln nämlich.

– Ja. Wie die Ware reinkommt, so kriegen wir sie …

– Verzeihung, habe ich nicht hinter Ihnen gestanden?

– Nein, hinter dieser Frau.

– Ach ja, ja …

– Weggehen, und dann fragen …

– Was ist da vorn … ich verstehs nicht …

– Und was ist?

– Na da … warum schreit sie?

– Hat sich jemand vorgedrängelt …

– Und wer ist es …

– Richtig so, richtig …

– Der Idiot …

– Man muss sie einfach wegjagen, und Schluss …

ANTON ČECHOV
Eine miese Geschichte

Die Sache hatte im Winter begonnen.
Es war Ball. Es dröhnte die Musik, es brannten die Lüster, die Kavaliere langweilten sich nicht, und die jungen Damen genossen das Leben. In den Sälen gab es Tanz, in den Kabinetten Kartenspiel, am Buffet Getränke, in der Bibliothek verzweifelte Liebeserklärungen.

Lëlja Aslovskaja, eine rundliche rosige Blondine mit großen blauen Augen, mit sehr langen Haaren und der Ziffer 26 im Passeport, saß dennoch allein, hadernd mit sich und der Welt, und ärgerte sich. An ihrer Seele kratzten Katzen. Der Grund war, dass sich die Herren ihr gegenüber geradezu schweinisch benahmen. Vor allem in den letzten zwei Jahren war ihr Benehmen schrecklich gewesen. Sie hatte bemerken müssen, dass sie ihr keine Aufmerksamkeit mehr schenkten. Sie tanzten nicht mehr gern mit ihr. Nicht genug damit. Geht einfach vorbei, die Canaille – und schaut nicht einmal her, so als sei sie keine Schönheit mehr. Und wenn sie mal jemand versehentlich anschaut, dann nicht voll Bewunderung, nicht platonisch, sondern so, wie man vor dem Essen die appetitlichen Piroggen oder das Spanferkel anschaut.

In den vergangenen Jahren dagegen …

– Und so geht es jeden Abend, auf jedem Ball!! – ärgerte

sich Lëlja und biss sich auf die Lippen. – Ich weiß, warum sie mich nicht bemerken, ich weiß! Sie rächen sich! Sie rächen sich an mir dafür, dass ich sie verachte! Aber … aber wann werde ich endlich heiraten? Kommt man so denn ans Ziel? Die Zeit wartet nicht, sie wartet nicht! Taugenichtse, die ihr seid!

An dem zu beschreibenden Abend gefiel es dem Schicksal, sich Lëljas zu erbarmen. Als Leutnant Nabrydlov, statt, wie versprochen, die dritte Quadrille mit ihr zu tanzen, sich sternhagelvoll betrunken hatte und, als er an ihr vorbeiging, irgendwie blödsinnig mit den Lippen schmatzte und ihr damit seine ganze Missachtung zeigte, hielt sie es nicht mehr aus … Ihr Ärger hatte das Apogäum erreicht. Ihre blauen Augen überzogen sich mit Feuchtigkeit, ihre Lippen zitterten. Tränen drohten hervorzustürzen … Um den Profanen ihre Tränen nicht zu zeigen, wandte sie sich nach den dunklen, beschlagenen Fenstern um, und – o wunderbarer Augenblick, da bist du! – sie erblickte an einem der Fenster einen schönen Jüngling, der kein Auge von ihr ließ. Der Jüngling bot ein rührendes Bild, das geradewegs zu Herzen ging. Seine Haltung war sicher, die Augen voller Liebe, Bewunderung, voller Fragen, Antworten; sein Gesicht traurig. Lëlja lebte augenblicklich auf. Sie nahm die entsprechende Haltung ein und machte sich an die entsprechende Beobachtung. Letztere zeigte, dass der Jüngling nicht einfach so hersah, zufällig, sondern ohne den Blick abzuwenden, trunken und entzückt.

»Mein Gott! – dachte Lëlja. – Wenn es doch jemandem einfiele, ihn vorzustellen! Was ein frischer Mann doch bedeutet! Er hat mich sofort bemerkt!«

Bald wurde der Jüngling umtriebig, ging durch die Säle und fing an, die Herren anzusprechen.

»Er will mich kennenlernen! Bittet, mich ihm vorzustellen!«, dachte Lëlja, sich verschluckend.

Und tatsächlich. Zehn Minuten später hatte der Liebhaberdarsteller mit seinem glatt rasierten Faulenzergesicht die Bitten des Jünglings erhört und stellte ihn, unter lebhaften Kratzfüßen, Lëlja vor. Der Jüngling erwies sich als einer »der Unsern«, als ein verteufelt begabter Künstler namens Nogtev. Nogtev ist ein Jüngling von 24, brünett, mit leidenschaftlichen Georgieraugen, mit hübschem Schnurrbart und mit bleichen Wangen. Er schreibt nie etwas, sondern ist Künstler. Er trägt lange Haare, ein spanisches Bärtchen, hat eine goldene Palette am Uhrkettchen, goldene Paletten anstelle der Manschettenknöpfe, ellbogenlange Handschuhe und maßlos hohe Absätze. Er ist ein netter Kerl, aber dumm wie ein Ganter. Er hat einen edlen Herrn Papa, eine ebensolche Frau Mama und eine reiche Großmutter. Ist ledig. Er drückte Lëlja schüchtern die Hand, setzte sich schüchtern und begann, als er saß, Lëlja mit seinen großen Augen zu verschlingen. Er fing erst nach und nach schüchtern an zu sprechen. Lëlja schnatterte drauflos, was das Zeug hielt, doch er sagte nur: »Ja … nein … ich, wissen Sie …«, sprach es kaum atmend, antwortete aufs Geratewohl und rieb verlegen das linke Auge (das eigene, nicht Lëljas) … Lëlja applaudierte im Geiste. Sie hatte entschieden, der Künstler habe angebissen, und triumphierte.

Am andern Tag, nach dem Ball, saß Lëlja in ihrem Zimmer am Fenster und blickte triumphierend auf die Straße.

Auf der Straße, unter ihren Fenstern, irrte Nogtev auf und ab. Nogtev irrte auf und ab und schaute kuhäugig zu ihren Fenstern hinauf. Er blickte wie einer, der sich anschickt zu sterben: traurig, schmachtend, zärtlich, voll Feuer. Am dritten Tag – dasselbe. Am vierten regnete es, und er war nicht unter ihren Fenstern. (Jemand hatte Nogtev eingeredet, ein Regenschirm passe nicht zu seiner Figur.) Am fünften Tag richtete er es so ein, dass er im Hause von Lëljas Eltern erschien, um seine Aufwartung zu machen. Die Bekanntschaft verwickelte sich zum Gordischen Knoten: sie verwickelte sich bis zur Unmöglichkeit, ihn zu lösen.

Vier Wochen später war wieder Ball. (Siehe den Anfang.)

Nogtev stand an der Tür, mit der Schulter an den Türpfosten gelehnt, und verschlang Lëlja mit Blicken. Lëlja, die seine Eifersucht wecken wollte, kokettierte von fern mit Leutnant Nabrydlov, der betrunken war, wenn auch nicht sternhagelvoll, sondern nur leicht, im ersten Stadium.

Auf Nogtev trat von der Seite ihr Papa zu.

– Sie zeichnen ständig? – fragte der Papa. – Beschäftigen sich mit der Kunst?

– Ja.

– Tjäh … Eine schöne Sache … Gebs Gott, gebs Gott … Hm … Gott hat Ihnen also dieses Talent gegeben. Tjä … So hat jeder sein Talent …

Papa schwieg und fuhr fort:

– Und Sie, junger Mann, wissen Sie, sollten das machen, wenn Sie … ständig so zeichnen. Kommen Sie im Frühjahr zu uns aufs Land. Hochinteressante Plätze gibt es da! Aussichten, sage ich Ihnen, einfach herrlich. Nicht mal Rachfael hat solche gezeichnet. Wir würden uns sehr

freuen. Und auch meine Tochter hat sich so mit Ihnen …
angefreundet … Ehem … hem … Die Jjugend, die Jjugend.
He-he-he …

Der Künstler verbeugte sich und fuhr am ersten Mai
dieses Jahres mitsamt seinen Habseligkeiten aufs Gut der
Aslovskij. Seine Habseligkeiten bestanden aus einem nutz-
losen Kasten mit Farben, einer Piqué-Weste, einem leeren
Porte-Cigares und zwei Hemden. Empfangen wurde er
mit offenen Armen. Man stellte ihm zwei Zimmer zur Ver-
fügung, zwei Diener, ein Pferd und alles, was er wünschte,
wenn er nur zu Hoffnung Anlass bot. Er nutzte seine neue
Stellung, wie es besser nicht ging: Er aß schrecklich viel,
trank viel, schlief lange, war von der Natur entzückt und
ließ kein Auge von Lëlja. Lëlja war überglücklich. *Er* war
ihr nahe, war jung, hübsch, war so schüchtern, liebte sie
so sehr! Er war so schüchtern, dass er sich ihr nicht zu
nähern vermochte, sondern sie aus immer größerer Entfernung ansah, versteckt hinter einer Portière oder hinter
einem Busch.

»Schüchterne Liebe!« – dachte Lëlja und seufzte …

An einem schönen Morgen saßen ihr Papa und Nogtev
im Garten auf einer Bank und unterhielten sich. Papa ver-
breitete sich über die Wonnen des Familienglücks, Nogtev
vernahm es geduldig und suchte mit den Augen Lëljas
Torso.

– Sind Sie der einzige Sohn Ihres Vaters? – fragte unter
anderem Papa.

– Nein, ich habe noch einen Bruder, Ivan … Ein feiner
Kerl! Ein Prachtstück von einem Menschen! Sie sind nicht
mit ihm bekannt?

– Ich habe nicht die Ehre …

– Schade, dass Sie nicht mit ihm bekannt sind. Er ist so witzig, wissen Sie, so lustig, eine Seele von einem Menschen! Er arbeitet literarisch. Alle Redaktionen laden ihn zur Mitarbeit ein. Schreibt im »Šut«. Schade, dass Sie nicht bekannt sind. Er würde Sie gern kennenlernen … Wissen Sie was? Wenn Sie wollen, schreibe ich ihm, er soll hierherkommen? Ja? Wirklich! Das wird lustiger!

Papa war von diesem Vorschlag das Herz wie in einer Tür eingeklemmt, aber – es war nichts zu machen! – er musste sagen: »Freut mich sehr!«

Nogtev hüpfte zum Zeichen seiner guten Laune auf und ab und schrieb unverzüglich die Einladung an seinen Bruder.

Bruder Ivan zögerte nicht mit seinem Erscheinen. Er erschien nicht allein, sondern zusammen mit seinem Freund, dem Leutnant Nabrydlov, und einem riesigen zahnlosen alten Hund namens »Turka«. Er hatte beide mitgenommen, damit er, wie er sich ausdrückte, unterwegs nicht von Räubern überfallen würde und jemanden hätte, mit dem er trinken konnte. Ihnen wurden drei Zimmer zugewiesen, zwei Diener und ein Pferd für beide.

– Sie, meine Herrschaften, – sagte er zu den Gastgebern, – brauchen sich nicht um uns zu sorgen! Ihre Sorge um uns ist nicht nötig. Wir brauchen weder Federbetten noch raffinierte Saucen, noch Fortepianos – nichts brauchen wir! Wenn Sie sich dagegen, was Bier und Schnaps angeht, erbarmen wollen, dann … ist das was anderes!

Wenn Sie sich einen riesigen dreißig Jahre alten Kerl vorstellen, mit breitem Maul, in Segeltuchbluse, mit einem räudigen Bärtchen, vorquellenden Augen und der Krawatte über der Schulter, so erlösen Sie mich von der Beschreibung Ivans. Er war der unerträglichsten einer auf Erden.

Wenn er nüchtern war, war er noch einigermaßen erträglich: Er lag auf dem Bett und schwieg. Betrunken aber war er ebenso wenig zu ertragen wie eine Klette auf dem nackten Körper. Wenn er betrunken ist, spricht er ohne Punkt und Komma, wobei er unflätige Wörter gebraucht, ohne sich an der Anwesenheit von Frauen und Kindern zu stören. Er spricht über Läuse, Wanzen, Unterhosen und weiß der Teufel worüber noch. Andere, neuere Themen hat er keine. Papa, Maman und Lëlja wussten nicht, was sie machen sollten, und erröteten, wenn Ivan bei Tisch anfing, Witze zu reißen.

Unglücklicherweise gelang es ihm während seines gesamten Aufenthaltes auf dem Gut Aslovskij kein einziges Mal, nüchtern zu sein. Nabrydlov, der kleine, zu kurz geratene Leutnant, bemühte sich nach Kräften, Ivan nachzueifern.

– Wir beide sind keine Künstler! – sagte er. – Von wegen! Wir sind Bauern!

Als Erstes zogen Ivan und Nabrydlov aus dem Herrenhaus, wo es ihnen zu schwül schien, ins Nebengebäude zum Verwalter, der einem anständigen Schluck unter anständigen Menschen nicht abgeneigt war. Als Zweites zogen sie die Röcke aus und gingen im Garten und auf dem Hof ohne Röcke. Lëlja stieß im Garten ständig auf den *deshabillé* unter einem Baum hingefläzten Bruder oder Leutnant. Der Bruder und der Leutnant tranken, aßen, fütterten den Köter mit Leber, rissen Witze über die Gastgeber, machten auf dem Hof Jagd auf die Köchinnen, badeten laut, schliefen wie tot und segneten das Schicksal, das sie an einen Platz verschlagen hatte, wo man sichs wohl sein lassen konnte wie die Made im Speck.

– Hör zu, du! – sagte Ivan einmal zum Künstler und zwinkerte mit einem betrunkenen Auge zu Lëlja hinüber. – Wenn du hinter ihr her bist ... dann zum Teufel mit dir. Wir rühren sie nicht an. Wer zuerst kommt, mahlt zuerst. Alle Achtung und Verehrung! Wir sind Aristokraten ... Und wünschen dir Erfolg!

– Wir werden sie dir nicht ausspannen, o nein! – bekräftigte Nabrydlov. – Das wäre eine Schweinerei von uns.

Nogtev zuckte die Achseln und richtete seine begierigen Blicke auf Lëlja.

Wenn einem die Stille lästig fällt, will man Sturm; wenn einem lästig fällt, still und ehrenhaft dazusitzen, will man einen Skandal vom Zaun brechen. Als Lëlja die schüchterne Liebe lästig fiel, wurde sie wütend. Schüchterne Liebe – das ist eine Fabel für die Nachtigall. Zu ihrem großen Ärger war der Künstler im Juni immer noch so schüchtern wie im Mai. Im Herrenhaus nähte man an der Mitgift; Papa träumte Tag und Nacht davon, sich Geld für die Hochzeit zu borgen, ihre Beziehungen hatten jedoch noch nicht die bestimmte Form angenommen. Lëlja zwang den Künstler, tagelang mit ihr zu angeln. Aber es half nichts. Er stand neben ihr, die Angel in Händen, schwieg, stotterte, verschlang sie mit den Augen – mehr nicht. Kein einziges süßverstörendes Wort! Kein einziges Geständnis!

– Nenn mich ... – sagte einmal Papa zu ihm. – Nenn mich ... Du musst entschuldigen ... dass ich »du« zu dir sage … Ich meine es gut, weißt du … Nenn mich Papa … Das mag ich.

Der Künstler redete Papa nun mit Papa an, aber auch das half nichts. Er war wie früher stumm an Stellen, wo man über die Götter hätte murren sollen, dass sie dem Menschen nur eine Zunge gegeben haben, und nicht zehn. Ivan und Nabrydlov machten bald Anmerkungen zu Nogtevs Taktik.

– Der Teufel soll aus dir schlau werden! – murrten sie. – Frisst selber das Heu nicht, und lässt keine anderen ran! So ein Rindvieh! Beiß zu, du Tropf, wenn dir der Bissen von selbst in den Mund fliegt! Wenn du nicht willst, nehmen wir ihn uns! Jawohl!

Doch alles auf dieser Welt hat ein Ende. So auch diese Geschichte. Ein Ende fand auch die Unbestimmtheit der Beziehungen zwischen dem Künstler und Lëlja.

Die Lösung des Knotens in ihrem Roman geschah Mitte Juni.

Es war ein stiller Abend. In der Luft roch es. Die Nachtigall sang aus Leibeskräften. Die Bäume flüsterten untereinander. In der Luft, um mich in der langatmigen Sprache russischer Romanschriftsteller auszudrücken, hing Zärtlichkeit … Der Mond, versteht sich, war auch da. Zur Vollkommenheit dieser paradiesischen Poesie fehlte nur Hr. Fet, der, hinter einem Strauch stehend, laut und für alle vernehmlich, seine fesselnden Gedichte vorträgt.

Lëlja saß auf einer Bank, hüllte sich in ihren Schal und blickte nachdenklich zwischen den Bäumen hindurch auf den Fluss.

»Bin ich denn so unnahbar?« – dachte sie, und in ihrer Einbildung erschien sie sich selbst majestätisch, stolz, überheblich … Ihre Überlegungen unterbrach der herzugetretene Papa.

– Na, was ist? – fragte Papa. – Immer noch dasselbe?

– Immer noch.

– Hm … Ttteufel … Wann wird das alles ein Ende haben? Denn mich, Mütterchen, kommt es teuer an, diese Lotterbuben durchzufüttern! Fünfhundert im Monat! Das ist kein Scherz! Allein auf den Köter entfallen dreißig Kopeken am Tag für die Leber! Wenn er um dich anhalten will, soll ers tun, wenn nicht, dann zum Teufel auch mit seinem Bruder und dem Köter! Was sagte er denn zumindest? Hat er mit dir gesprochen? Hat er sich erklärt?

– Nein, Papa, er ist so schüchtern!

– Schüchtern … Diese Schüchternheit kennen wir! Er streut dir Sand in die Augen. Warte, ich schicke ihn jetzt gleich hierher. Mach ein Ende mit ihm, Mütterchen! Und keine Ziererei … Es ist Zeit. Bitte, Mütterchen … Du bist nicht mehr jung, du kennst schon all die Kunststücke!

Papa verschwand. Zehn Minuten später erschien, sich schüchtern durch die Fliederbüsche zwängend, der Künstler.

– Sie haben mich rufen lassen? – fragte er Lëlja.

– Ja. Kommen Sie her! Sie sind mir lang genug ausgewichen! Setzen Sie sich.

Der Künstler trat schüchtern auf Lëlja zu und setzte sich still ans Ende der Bank.

»Wie hübsch er im Dunkeln ist!« – dachte Lëlja und wandte sich an ihn.

– Erzählen Sie doch etwas! Warum sind Sie so verschlossen, Fëdor Panteleič? Warum schweigen Sie ständig? Warum öffnen Sie mir nie Ihre Seele? Womit habe ich dieses Misstrauen verdient? Es kränkt mich wirklich … Man könnte meinen, wir seien keine Freunde … Nun sprechen Sie endlich!

Der Künstler räusperte sich, seufzte tief und sagte: Ich hätte Ihnen viel zu sagen, sehr viel!

– Und woran hängt die Sache?

– Ich fürchte, es könnte Sie kränken, Elena Timofeevna, werden Sie nicht gekränkt sein?

Lëlja kicherte. »Der Augenblick ist gekommen!« – dachte sie. »Wie er zittert! Wie er zittert! Zappelst du endlich im Netz, mein Süßer?«

Auch Lëljas Kniegelenke zitterten. Es ergriff sie das jedem Romanschriftsteller willkommene Beben.

In zehn Minuten würde es losgehen mit den Umarmungen, Küssen, Schwüren … Ach! – träumte sie und berührte, um Öl ins Feuer zu gießen, den Künstler mit ihrem entblößten heißen Ellbogen.

– Also? Worum handelt es sich? – fragte sie. – Ich bin nicht so ein Rührmichnichtan, wie Sie meinen … (Pause) Sprechen Sie schon! … (Pause) Schnell!!

– Sehen Sie … Ich, Elena Timofeevna, liebe nichts im Leben so sehr wie das Künstlertum … die Kunst, sozusagen. Meine Kollegen finden, dass ich Talent habe und dass aus mir kein schlechter Künstler werden würde …

– Oh, das ist gewiss *Sans doute*!

– Nun ja … Also schön … Ich liebe meine Kunst … Das heißt. Ich bevorzuge das Genre, Elena Timofeevna! Die Kunst … Die Kunst, wissen Sie … Eine wunderbare Nacht!

– Ja, selten schön! – sagte Lëlja und erschauderte, sich windend wie eine Schlange, in ihrem Schal und schloss halb die Augen. (Junge Frauen sind in amourösen Details schrecklich große Meisterinnen!)

– Ich, wissen Sie, – fuhr Nogtev fort, seine weißen Finger ringend – habe schon lange mit Ihnen sprechen wollen, aber immer ... habe ich mich gefürchtet. Ich dachte, Sie könnten böse werden ... Aber wenn Sie mich verstanden haben, dann ... werden Sie nicht böse werden. Sie lieben die Kunst doch auch!

– Oh ... Aber ja! Und ob! Es ist doch die Kunst!

– Elena Timofeevna! Wissen Sie, weshalb ich hier bin? Können Sie es nicht erraten?

Lëlja wurde sehr verlegen und drückte, wie aus Versehen, ihre Hand an seinen Ellbogen ...

– Es ist wahr, – fuhr Nogtev nach einer Pause fort. – Es gibt unter den Künstlern Schweine ... Das ist wahr ... Sie setzen keinen Groschen auf das weibliche Schamgefühl ... Aber ich ... bin nicht so einer! Ich habe Feingefühl. Das weibliche Schamgefühl ist ... ein Schamgefühl, das man nicht negligieren darf!

»Wozu sagt er mir das?« – dachte Lëlja und hüllte ihre Ellbogen in den Schal.

– Ich bin nicht so wie die ... Für mich ist die Frau – ein Heiligtum! Sie haben nichts zu befürchten ... Ich bin nicht so ... Ich werde es nicht zulassen, dass sie Unfug treiben ... Elena Timofeevna! Sie gestatten? Hören Sie mich an, bei Gott, ich meine es ehrlich, denn es ist ja nicht für mich, es ist für die Kunst! Für mich steht die Kunst im Vordergrund, nicht die Befriedigung tierischer Instinkte!

Nogtev ergriff ihre Hand. Sie gab ein wenig in seine Richtung nach.

– Elena Timofeevna! Mein Engel! Mein Glück!

– N… nun?

– Darf ich Sie um etwas bitten?

Lëlja fing an zu kichern. Ihre Lippen formten sich bereits zum ersten Kuss.

– Darf ich Sie bitten? Ich flehe Sie an! Bei Gott, es ist für die Kunst! Sie haben mir so gefallen, so gefallen! Sie sind diejenige, die ich brauche, zum Teufel mit den anderen! Elena Timofeevna! Meine Freundin! Werden Sie mein …

Lëlja richtete sich auf, bereit, ihm in die Arme zu fallen. Ihr Herz klopfte.

– Werden Sie mein …

Der Künstler ergriff ihre andere Hand. Sie lehnte ergeben das Köpfchen an seine Schulter. Tränen des Glücks glitzerten an ihren Wimpern.

– Meine Teure! Werden Sie mein … Aktmodell!

Lëlja hob den Kopf. – Was?!

– Werden Sie mein Aktmodell!

Lëlja erhob sich. – Wie? Was?

– Mein Aktmodell … Werden Sie es!

– Hm … Und sonst nichts?

– Sie würden mich zu großem Dank verpflichten! Sie gäben mir die Möglichkeit, ein Bild zu malen … und was für ein Bild!

Lëlja erbleichte. Die Tränen der Liebe verwandelten sich auf einmal in Tränen der Verzweiflung, der Wut und anderer unguter Gefühle.

– Das also … war es? – stieß sie, am ganzen Körper zitternd, hervor.

Der arme Künstler! Hellroter Feuerschein färbte eine

seiner weißen Wangen, als das Klatschen einer schallenden Ohrfeige, mit dem eigenen Echo vermischt, durch den dunklen Garten flog. Nogtev rieb sich die Wange und erstarrte. Er verfiel in einen Starrkrampf. Er spürte sich durch das gesamte Universum versinken … Seine Augen sprühten Blitze …

Lëlja, bebend, bleich wie der Tod, halb von Sinnen, machte einen Schritt vorwärts, sie schwankte. Sie fühlte sich wie gerädert. Alle ihre Kräfte zusammennehmend, begab sie sich unsicheren, kranken Schrittes zum Haus. Die Beine knickten ihr ein, ihre Augen sprühten Funken, ihre Hände griffen in die Haare in der offenkundigen Absicht, sich in jene zu verkrallen …

Bis zum Hause blieben nur wenige Schritte, als sie noch einmal erbleichen sollte. Auf ihrem Weg stand vor der von wildem Wein umrankten Laube, weit die Arme ausgebreitet, der betrunkene, breitmäulige Ivan, unfrisiert, mit aufgeknöpfter Weste. Er blickte Lëlja ins Gesicht, grinste sardonisch und verpestete die Luft mit einem mephistophelischen »Ha-ha«. Er ergriff Lëljas Hand.

– Scheren Sie sich fort! – zischte Lëlja und entriss ihm ihre Hand …

Eine miese Geschichte!

OTTO JÄGERSBERG
Warten auf Grün

Bücher ruhn, ich bring sie in Bewegung‹, ist sein Motto. Alles, was er unternimmt, hat Schwung oder sieht doch so aus; er ist groß und schwer geworden, und bei seiner Lebendigkeit gerät unübersehbar Masse in Bewegung. Seine Augen haben ein durchsichtiges Blau, das seinem flächigen Gesicht einen schutzbedürftigen Ausdruck verleiht. Er ist Geschäftsführer eines alten Familienunternehmens, das er zur stärksten Buchhandlung der Region gemacht hat. Sein Verhältnis zu den Besitzern könnte besser sein. Ohne ihn wären sie ärmer, was ihnen gleichgültig zu sein scheint, und nur so am Rande der gesellschaftlichen Rangliste, was sie nicht hinnehmen möchten. Auch würden sie mal gern Entscheidungen mittreffen: Einkauf, Verkauf, Personal. Da kann er nur lachen. Der Ton ist schrill, aber wirkt. Die Leutchen sollen ihre Gewinne kassieren, seinetwegen, ansonsten Schnauze halten.

Er mag Bücher. Noch heute liest er gern. Wenn es die Zeit erlaubt. Schon als Kind träumte er davon, Buchhändler zu sein, der hinter dem Stehpult die Verteilung der Herrlichkeiten vornimmt. Der Buchhändler erschien ihm als König, kein König als Buchhändler.

Sein Haar ist schütter. Er ist fünfunddreißig. Seine Hände sind dick. Sein knallendes ›Womit kann ich dienen?‹ macht aus den Kunden Bittsteller. Und die Augen sind immer auf dem Sprung, wie getretene Luftballons.

Verlagsvertreter empfängt er im Laden. Nutzt jede Unterbrechungsmöglichkeit aus. Kundschaft geht vor. Ein gutes Beispiel für die sechsundzwanzig Mitarbeiter.

Als ein Kunde den Weg zur den Zeitschriften und Taschenbüchern vorbehaltenen Filiale wissen möchte, nutzt er die Gelegenheit zu einem Abgang. »Bin gleich wieder da.« Er begleitet den Kunden bis auf die Höhe des Eingangs zum Ratskeller und erledigt den Rest der Erklärungen mit drastischen, das Überqueren von Straßen betreffenden Armzeichen. Im Ratskeller das Übliche. Korn, von dem er erst ein Schlückchen nimmt, das Pils in einem langen Zug, dann den Kaffee mit dem Rest des Korns. Nicht aus Geschmacksgründen, der Korn nimmt dem Kaffee die Hitze, so lässt sich schneller trinken. An der Theke lehnt die alte Kundschaft, durch die Bank Schlucker, nur zu seiner Rechten, neu, ein Mädchen in Flatterklamotten mit Papuabombe vor einem Dunkelbier. Kennt er doch? Von den Bücherstapeln seines Modernen Antiquariats? Diese gemütvollen Augen, das Kräuselhaar, der weiche Busen … Waren ihm im *Zerbrochenen Krug* aufgefallen, wo sie Volk darzustellen hatte. »Schnäpschen?«

Die junge Schauspielschülerin, die zur frühen Stunde von des Theaters männlichem Star herbestellt ist, lässt sich von dem wie unter Dampf stehenden Buchhändler, der ihr wie ein irrer Typ für ein Brecht-Stück vorkommt, zu einem Gedeck einladen. Beim Korn, den sie gut gebrauchen kann, denn sie hat gewisse Ahnungen, was die Erwartungen des verheirateten Schauspielers angeht, der ihr zur Vervollkommnung ihrer Atemtechnik eine Privatstunde kostenlos zu erteilen sich anerboten hat, erzählt ihr der Buchhändler einen vom ersten Vertreter des Tages gehörten Witz. Aus ostpreußischen Zeiten. Ein Junker wird nach der Uhrzeit gefragt. Der Junker legt die Stirn in Falten und rechnet: »Einmal Maria und einmal Josef, zweimal gefrühstückt, macht elf Uhr!« Die Schauspielschülerin fällt mit Kraft in des Buchhändlers Gelächter ein und beschließt, beim berühmten Schauspieler eine Situation herbeizuführen, die ihn nach der Uhrzeit fragen lässt. Dann wird sie, mit dem Witz, doch mit sich als Heldin, kontern. So innerlich Tritt gefasst und ohne Zweifel mehr, was ihre Atemtechnik angeht, lädt sie den Buchhändler, dessen Lachen allein sie von der Stimmleistung bewundert, zu einem neuen Gedeck ein. Doch der Buchhändler hat seine Ordnung, die vor dem Mittagessen keine drei Gedecke verträgt, und seine Regel, dass man Frauen nicht mit Kleingeld zahlen lässt, und er schlägt der Schauspielschülerin anerkennend auf die Schulter, macht dem Wirt das Zeichen für Auf-den-Deckel-schreiben, auch für das Kommende der Zurückbleibenden, und geht. Nettes Mädchen, denkt er, reine Haut, Naturhaar, mütterliche Augen, anständiger Busen, ehrgeizig verborgener Dialekt, kleiner Leute Kind mit Hang zum Höheren, was er alles achtbar findet. Er springt zur Apotheke rein, ruft, »meine Drogen, rasch, meine Drogen!« Man kennt ihn als humorvollen Mann mit enormem Verbrauch an Pfefferminzpastillen.

Die Verkäuferschlange vor der Kasse der Buchhandlung deprimiert ihn. Geld verdienen ist leider keine Kunst.

Ein Kunde hält ihm einen Zettel hin: Bertaux, *Hölder-*

lin, DM 48. »Für meine Frau«, sagt der Kunde und zuckt die Achseln. Mit der möchte der Buchhändler auch nicht Weihnachten feiern müssen.

Für den Laden hat er am liebsten die Frauen um vierzig. Die mit den Illusionen, die gern zu lesen und sich für Literatur zu interessieren angeben, schickt er erst mal für ein Vierteljahr in den Keller, Lager, Expedition, Bestellwesen. Alleinstehende sind besser als Verheiratete, mit Kind sind zuverlässiger als ohne Kind. Er hat so eine die Kalenderabteilung übernehmen lassen. Fünfunddreißig Prozent Umsatzsteigerung, außersaisonal! Er schläft mit keiner aus dem Laden. Auch besoffen nicht. Früher ja. Aber als Geschäftsführer nicht.

Seine Frau war auch Buchhändlerin. Aber nicht unter ihm. Sie hatten sich schon auf der Buchhändlerschule kennengelernt. Sie war ihm so rätselhaft erschienen. Er ließ sie bei all ihren Stationen nicht aus den Augen. Als er was zu bieten hatte, war er da. Völlig intakte Ehe. Über die damalige Empfindung staunt er heute.

Wenn die Ampel draußen auf Grün schaltet, fallen immer automatisch hundert Leute in den Laden. Wenn dreißig davon schlecht oder gar nicht bedient werden, macht das nichts, beim nächsten Grün sind wieder hundert neue da. An der Ecke haut jetzt das Kaufhaus einen Laden hin, nur mit Platten und Büchern, *Lesen und Hören*. Wird ihm schon nicht vergehen. Die Konzerne haben zwar die Taschen voll und können eine Menge wegschmeißen, aber auf die Dauer sind sie nicht ausgebufft genug, um in seine rohertragsträchtige Umsatzstruktur reinzukommen. Sobald die ihren Laden aufmachen, schmeißt er ein paar Bücherkisten mehr mit Ramsch auf die Straße, dann hat sich das. Wenn auch die Kollegen jammern, die Trading-up-Strategie der Konzerne zwinge den klassischen Sortimenter in die Knie. Dann ist er eben nicht klassisch, bitte.

Wenn Bücher verkaufen doch nur ein wenig schwieriger wäre. So läuft das ohne Salz. Hölderlin! Ja, der hat den deutschen Langweilern eine verpasst. ›Was bleibet aber, stiften die Dichter!‹ Früher hat er sich wie ein Sonntagsprediger für die Außenseiter eingesetzt. Wenn er es sich recht überlegt, hat er seine Haltung nie verraten. Er ist eigentlich immer radikaler geworden. Nur die Ziele sind andere.

Spätestens mit vierzig macht er seinen eigenen Laden: *Das Haus der hundert Bücher!* Seine persönlichen Klassiker. Die hinter Glas, von jedem nur ein Exemplar sichtbar, aber tausend davon im Lager. In eigenem, von ihm entworfenem, handgearbeitetem, unverwechselbarem Einband. Was ihm auch die Möglichkeit gibt, den Ladenpreis selbst festzusetzen. Dem Kunden wird das Buch auf einem mit bischofslila beschlagenen Stehpult vorgelegt. Jedes Exemplar nummeriert und mit einem anspruchsvollen Herkunftsschildchen versehen. Seine hundert Bücher, hundert Kostbarkeiten, sein hundertfaches Kunstwerk. Und jedes Jahr, stiekum eins von dem alten Hundert verschwinden lassen und mit Feier, Mädchen, Biermann oder Reich-Ranicki als Begründer einen neuen Klassiker kreieren. Und in einer Lage, die den Leuten den Hochmut raubt, Köln-Kalk oder dergleichen. *Das Haus der hundert Bücher!* Eine Institution, mehr, eine Instanz. In allen Städten. Elegante Verkäufer. Aber ihre Ekstase muss echt sein, sonst läuft alles nur normal. Normal hat er genug.

Er sieht noch ein Exemplar Bertaux, *Hölderlin* liegen und blättert darin. Das wäre mal gar nicht schlecht für seine Frau. Sie könnte ruhig ein bisschen mehr über Hölderlin wissen. Er nimmt das Buch mit in sein Büro, gibt in der Bestellabteilung Anweisung zur Nachbestellung von fünf Partien. Die werden sich da wundern in ihrem Frankfurt. Soll noch mal einer wagen zu behaupten, bei ihm herrsche ein Klima wie im Warenhaus. Fünf Partien *Hölderlin*, soll ihm erst mal einer nachmachen.

Er gießt sich ein Glas Korn ein und ruft seine Frau an. Sie legt gerade das Kind trocken. »Küss ihn auf den Böllermann«, sagt der Buchhändler, und die Frau sagt vorwurfsvoll seinen Vornamen. Dann besprechen sie das Essen. Die Frau möchte wissen, wie viel Schnitzel sie der Tiefkühltruhe entnehmen soll. »Tau man ordentlich auf«, sagt der Buchhändler. Er nimmt ein Pfefferminz und begibt sich in den Laden, bedient nach allen Seiten und teilt Kassenzettel wie Schläge aus.

Er hat die Nacht kaum geschlafen. Nach der Börsenvereinssitzung, er ist im Vorstand, saß er noch im Bibliothekszimmer und sann bei einigen Körnern. Seine Büchersammlung ist beachtlich. Seit der Lehrlingszeit hat er systematisch gesammelt. Leider haben viele alte Exemplare Stockflecken, diese braunstichigen Hinterlassenschaften der Bücherlaus, des Fettzünslers, der Nagekerfe, der Palpenmotte, des Silberfischs und der Deutschen Schabe, die auch nach fachmännischer Begasung seiner Bibliothek einen leichten Uringeruch verleihen, wogegen er in solchen Stunden Räucherstäbchen abbrennt und die Kornflasche offen lässt. Das mochte zu dem Traum geführt haben, in dem Fallschirmjäger die Buchhandlung stürmten und sofortige Evakuierung des gesamten Sortiments in die Bahnhofstoiletten durchführten. Er hatte, und das machte ihm später den Kopf so schwer, keinen Widerstand geleistet, nicht einmal eine Erklärung verlangt. In der Bahnhofstoilette ging der Geschäftsbetrieb normal weiter. Die Regale standen längs und quer, ließen aber Zugänge zu den Kabinen und Urinoirs, die weiterhin benutzt wurden. Um die Anordnung und die Breite dieser Zugänge ging es in zähen Verhandlungen mit der Toilettenfrau. Darüber war er schweißüberströmt aufgewacht, hatte zu lesen versucht, angeekelt das Buch weggelegt, geduscht und trotz der Einnahme von Tabletten lange schlaflos gelegen.

Das warf ihn nicht um; wenn auch sein Kopf nur aufs Überstehn des Tages ausgerichtet war, ließ es ihn sich doch auch der Sache ganz hingeben, die da Bedienen heißt und ihm sonst, bei nüchterner Überlegung, etwas anrüchig erschien.

»Mein Mann«, sagt die Kundin nach unklaren Bücherwünschen, als sei damit nun letzte Klarheit geschaffen, »ist Direktor bei der Ruhrkohle.« – »Und hat er schon eine Grubenlampe«, fragt der Buchhändler höflich. Die Frau schaut ihn verblüfft an, nickt aber. »Sollte selbstredend nur ein Scherz sein, gnädige Frau«, sagt der Buchhändler und führt sie zu den Schallplatten. »Schöne alte Bergmannslieder, brandneu, einen Schallplattenapparat wird er doch wohl haben.« Wieder ein Witz! Der Buchhändler legt die Platte auf, stülpt der Kundin den Kopfhörer über und wartet streng, den Kassenblock im Anschlag, auf ihr Kopfnicken.

Wenn ihm doch donnerstags nur ein wenig mehr Glück

beschieden wäre, und nicht immer nur Tölcke mit sattem Behagen die bombensichere Flöte aus der Hand spielte. Wenn er doch mal, wo beruflich und privat alles so gerade und in Saft war, nur einmal das dicke Blatt hätte und bei Tölcke die Kartenhand zittern sehen dürfte, nur ein Momentchen.

Eigentlich ein Ding! Lädt ihn dieses Mädchen prompt zu einem Gedeck ein. Doch anständige Manieren, sorgsam durch deutliche Aussprache verdeckte Herkunft, Siedlung westlich wahrscheinlich, weil schon was vom Rhein mitsang. Der Busen war in Ordnung, der lange Schlabberrock hatte ihn ihre Beine nicht sehen lassen, die waren aber auch nicht so wichtig, er wollte ja nicht mit ihr in die Oper. Wichtiger sind die Augen. Sie hatte gutmütige Augen, braun. Die körperliche Ausstrahlung insgesamt sanft, ihr Auftreten forsch. Das gibt sich. Auf die Dauer sind die Schnäpse nichts, und das Pfefferminz macht den Magen kaputt. Zwischendurch ein Nümmerchen dagegen wär gesund, und er hätte keine Probleme mehr mit dem Mundgeruch. Man müsste das regeln. Für eine nette Umgebung sorgen. Eine Beziehung wie in einem Roman von Balzac. Das müsste doch gehen, auch heute noch. Aber undramatisch, solide. Finanziell war es drin. Die Schauspielerei sollte sie allerdings aufgeben. Irgendwas bei der Bank, Ruhrkohle wäre auch nicht schlecht. Ja, zum Kuckuck, warum eigentlich nicht! Nur an solchen Tagen lässt sich der Alltag aufbrechen ... Der Buchhändler regelt seinen Abgang. »Kann länger dauern.«

Auf dem Weg zum Ratskeller schimmern aus einem Fenster des Verwaltungsgebäudes des Talsperrenvereins gemütvoll Kerzen im Tannenkranz. Ja, da geht jetzt Kuchen um, und für Momente ruht die Macht. Da wäre sie freilich noch besser aufgehoben. Das Portal des Talsperrenvereins hat ihn schon immer fasziniert. Über der schweren Holztür hängt unter einem Dächlein aus Bronze eine Ente; eine sehr dicke Ente mit ausgebreiteten Flügeln. Eine Ente mit dickem Bauch, fliegend. Den Bauchinhalt nach Hause fliegende Ente. In rotem Backstein ausgeführt. Dahinter sie zu wissen, sicher untergebracht, welch eine Vorstellung! Machbar, keine Frage. Er würde einige Federn lassen müssen, aber einen ewig anschnittbereiten Braten gewinnen. Und er legt ein paar Schritte zu, stößt die Ratskellertür auf und hat einen Auftritt wie ein Dammbruch.

Warten

Warten ist nicht so schlimm wie Sterben,
ich weiß, aber es ist schädlicher,
es erstickt das Leben.
Die Zeitungen sind wie die Literatur
der Kollegen, sie benutzen alle
das gleiche Wörterbuch. Das Kino
ödet mich an, soll ich die Seelsorge
anrufen oder die Wettervorhersage,
was sagt das Horoskop? Aber ich kenne
dein Sternzeichen noch nicht und glaube
bis auf weiteres nur an den Augenblick,
wenn ich dich sehe. Vielleicht
beschließt die Erde heute Nacht
unser Ende, und die Lämmer heulen
mit den Wölfen, und ein pockennarbiger
Engel tritt an Gottes Stelle
und bläst den letzten Blues,
vielleicht bist du die letzte Frau,
vielleicht träume ich es nur,
vielleicht ist Liebe nur ein Einfall,
um das Warten zu verkürzen, vielleicht
ist unsre Seele nur eine Haltestelle,
und wenn wir das Leben verpassen,

warten wir eben auf die nächste Bahn,
den Tod. Aber das ist weder hier
noch da: ich höre deine Schritte
auf der Straße, ich höre die Straße,
wie sie bebt, ich bebe auch, ich stehe
an der Tür und öffne die Tür und das Haus
fängt Feuer und du kommst durch die Flammen
auf mich zu,
ich brenne.

München, 13. 7. 1979

Warten aufs Baby

Während sie hier in Neu-Delhi, am Ende ihrer langen Odyssee, Tag um Tag darauf warteten, dass der International Adoption Service ein Baby für sie fände, verlor Aster schließlich den Mut. Daheim in Amerika hatten sie und Clark über die bevorstehende Reise noch so gesprochen, als ob sie nicht nur eine notwendige Mission, sondern zugleich auch eine Chance wäre, das Land zu bereisen und mehr über den kulturellen Hintergrund ihres künftigen Kindes zu erfahren.

Aber keines der Bücher, die sie gelesen hatte, keiner der Zeitungsartikel hatte Aster wirklich auf Indien vorbereitet, dieses Land mit seinen wahnwitzigen Gegensätzen von Schönheit und Hässlichkeit, Luxus und Armut, freundlicher Aufrichtigkeit und undurchdringlicher Verlogenheit. Auch hatte niemand ihnen gesagt, dass der Mai unerträglich heiß war, die schlimmste Zeit zum Reisen. Einkaufsbummel und Besichtigungstouren konnte man nur vormittags machen, und wenn sie und ihr Mann nach dem Lunch nicht in die Vermittlungsagentur mussten, blieben sie in ihrem klimatisierten Zimmer oder legten sich, wie jetzt, an den großen Hotelswimmingpool.

Ihre Reisen nach Dschaipur, Dschodhpur, Agra und Benares hatten sie schon nacheinander abgesagt. Es war ja nicht nur die Hitze, hinzu kam auch die finanzielle Ungewissheit. Der International Adoption Service hatte ihnen noch immer keine verbindliche Summe, noch immer kein festes Datum genannt; vielleicht mussten sie hier länger bleiben als geplant und wesentlich mehr Geld ausgeben. Mrs. Bannerjee und ihre Kolleginnen waren unbeirrt freundlich, mochten sich aber nicht festlegen. Vielleicht wollte die Vermittlungsagentur sie ja nur auf die Probe stellen, dachte Aster manchmal; um zu sehen, ob sie die Geduld und Gelassenheit aufbrachten, die man von guten Adoptiveltern erwartete.

Aber mit jedem Tag fühlte sie sich weniger geduldig und gelassen, dafür immer ausgelaugter – und Clark vermutlich auch. Sie gaben es voreinander nicht zu, kritisierten nie den IAS, außer einmal, als Clark ihn als Internationalen-Armleuchter-Service bezeichnete. (Aster hatte müde gelächelt, dabei aber einen kleinen Angstschauer verspürt, als könnte jemand sie belauscht haben und sie nun denunzieren.) Stattdessen mäkelten sie über die feuchte, bleierne Hitze in der Stadt, den grauen Smog darüber, den lauten, halsbrecherischen Verkehr, das überwürzte und vielleicht verdorbene Essen – seit Tagen war Aster jetzt schon ein wenig übel – und die erschreckende Armut. Den ganzen Dschanpath entlang schimmerten hohe Bank- und Bürogebäude in der Sonne, und seidig glänzende tropische Blüten ergossen sich über ihre Mauern; darunter aber lagen Lumpenbündel, die sich bei näherem Hinsehen als Menschen entpuppten, hustend und sterbend in Staub und Erbrochenem.

Zuerst hatte Aster das Rote Fort und die anderen altertümlichen Monumente und Tempel noch faszinierend gefunden; nach und nach erschienen sie ihr aber nur noch verstaubt und abgenutzt, als hätten allzu viele gaffende Touristenaugen ihre Oberflächen angefressen. In den schmutzigen engen Gassen von Alt-Delhi hatte ihr einmal ein Hund an den Rock gepinkelt; und als sie den neuen Seidenschal, über den sie Kaffee verschüttet hatte, auswaschen wollte, zerliefen seine Farben zu einem lehmigen Braun.

Wahrscheinlich lag es an ihrer Erschöpfung, ihrer Überdrehtheit, dass Aster sich vor ein paar Tagen in einer der örtlichen Sehenswürdigkeiten so zum Narren gemacht hatte. Sie war dort spätnachmittags spontan hingegangen, weil es nicht weit von der öffentlichen Bibliothek war, in der Clark sich in alte amerikanische Zeitungen vertieft hatte.

Der Birla-Mandir-Tempel stand nicht auf der Liste der Sehenswürdigkeiten, die sie unbedingt aufsuchen wollten. Er war erst 1938 erbaut worden, und Aster hatte schon ihrem Reiseführer entnommen, dass er eher abgeschmackt als schön war: ein Bauwerk wie eine orientalische Filmkulisse, bestehend aus lauter Balkonen und Galerien und Marmortreppen, deren Farbe und Maserung an Bananeneis erinnerten.

Wie üblich musste sie ihre Schuhe in einem Regal neben dem Eingang lassen. Aber diesmal hatte sie keine Socken an, und die gelben Marmorstufen glühten unter ihren nackten Füßen und waren zudem schmutzig und mit den welken, schleimigen Überresten orangefarbener und gelber Ringelblumengebinde und mit klebrigen rosa Bonbons übersät.

Dank ihres Reiseführers konnte sie inzwischen die bekanntesten hinduistischen Gottheiten identifizieren: die

Dreieinigkeit von Brahma, Wischnu und Schiwa; den elefantenköpfigen Ganesch, der alle neuen Unternehmungen begünstigte; die anmutige Saraswati, Schutzpatronin der Künste; und den blauen, fröhlichen jungen Krischna. Das Ganze machte auf sie den Eindruck eines gütigen alten Pantheons – eines, das die Macht des Weiblichen anerkannte.

Doch hier in diesem hellen, modernen Gebäude, das Aster an die indischen Palasthotels erinnerte, die sie sich nicht leisten konnten, waren die Gottheiten keine museumswürdigen Skulpturen, auf denen die Patina der Zeit lag. Sie waren vielmehr allesamt neu und grellbunt wie Disneyfiguren, alle viel zu prunkvoll gekleidet und mehr als geschmacklos mit Blattgold und allerlei Tinnef verziert. Manche hatten so etwas künstlich auf hübsch Gemachtes, ganz im Stil indischer Reklamebilder; andere hatten Tierköpfe, wieder andere trugen Halsbänder aus Blumen und Schädeln, oder ihre Gesichter waren schwarz vor Wut; sie zeigten spitze Zähne und schwenkten mit überzähligen Armen die Waffen des Krieges. Und wie die lebensgroßen Figuren von Mickey und Minnie Mouse in Disneyland suggerierten sie nur ordinären Kommerz.

Der Spätnachmittag ist in Indien die traditionelle Zeit der Andacht, und diese halb komischen, halb bedrohlichen Gottheiten badeten im Schein zahlreicher Kerzen; dichter, betörender Weihrauch hüllte sie ein, und vor den Heiligtümern standen oder knieten immer mehr Andächtige. Einige bedachten Aster mit strengen Blicken, wenn sie sich zwischen ihnen hindurchzuschlängeln versuchte, um einen besseren Blick auf Lakschmi zu erhaschen, der dieser

Tempel (laut Reiseführer) geweiht war, und eine Frau stieß sogar so etwas wie eine Verwünschung aus.

»Göttin des Glücks und des Reichtums«, las Aster in ihrem Reiseführer. »Lakschmi gewährt Wohlstand, Fruchtbarkeit und viele Kinder.« Ich will mich schon mit dem einen begnügen, das man uns versprochen hat, dachte sie. Lakschmi, die vier Arme hatte und zwischen zwei Elefanten saß, war reich mit Schmuck behängt und von fülliger Gestalt; sie hatte die schwellenden Brüste und den vorspringenden Bauch einer Frau in den ersten Schwangerschaftsmonaten. Ihre Mandelaugen waren dunkel gerändert, ihr Teint elfenbeinfarben, und in ihrem Gesicht stand ein verschlagenes Lächeln. »Ätsch, ätsch«, schien sie zu Aster zu sagen. »Ich weiß etwas, was du nicht weißt.«

Die Inderin neben Aster kniete soeben vor diesem Heiligtum nieder, dann sank sie schwer atmend ganz auf den Boden, bis sie lang ausgestreckt in der roten Pfütze lag, die ihr seidener Sari bildete, die dick beringten Hände und Arme über dem Kopf verschränkt.

Wie kann sie das nur tun, wie kann sie sich einfach so in diesen Dreck legen?, dachte Aster. Da ertönte in ihrem Kopf die Antwort wie ein leises Mückensirren: »Weil sie sich sehnlicher ein Kind wünscht als du.«

Niemand wünscht sich sehnlicher ein Kind als ich, dachte Aster zornig, niemand. Und plötzlich, ohne es bewusst zu wollen, ließ sie sich auf den schmierigen, schmutzigen Boden sinken, kniete nieder, legte sich schließlich sogar lang hin, die Beine linkisch nach hinten ausgestreckt. Lärm und Weihrauch hüllten sie ein; die Zeit schien im Kreis zu wirbeln.

»Bitte, gib uns jetzt unser Kind«, hörte sie sich flüstern. Dann erhob sie sich schwindlig und verlegen und schaute sich um, glaubte die schockierten rosa Gesichter anderer Weißer im Meer der dunkleren goldbraunen Gesichter zu sehen.

Wie kann man nur so etwas Dummes tun, so etwas Unhygienisches, dachte sie, als sie sich von der Göttin abwandte und ins Freie eilte, wobei sie sich den Unrat von der verschmutzten Hose klopfte und auf die Uhr sah. Es war viel später, als sie geglaubt hatte, und hinter dem Tempel ging bereits die Sonne unter. Rosa und blutrote Wolken mit geschmacklosen Goldrändern strähnten den rauchigen Himmel.

Aster erzählte Clark nichts von den Vorgängen im Tempel der Lakschmi; auch dieses Erlebnis ging in die immer länger werdende Liste der Dinge ein, über die sie nicht redeten. Angefangen hatte das vor zwei Jahren, nachdem sie zu ihrer ersten Adoptionsvermittlung gegangen waren, dachte sie; nachdem ihnen klar geworden war, dass sie nicht nur das vollkommene angehende Elternpaar zu sein hatten, sondern diese Rolle auch allen vorspielen mussten. Natürlich waren sie es ja auch wirklich: zwei gebildete, erfolgreiche, gesunde, attraktive und achtbare Leute.

Doch diese Wahrheit war durch das lange, bewusste Zurschaustellen allmählich zur Lüge geworden, jedenfalls für Aster. Würde man einem von ihnen je einen Makel nachsagen können, so wäre das sie, das wusste sie von Anfang an. Es machte sie ängstlich und unsicher; unentwegt musste sie daran denken, wie ihre Mutter einmal mit sanftem, einfältigem Lächeln gemeint hatte: »Vielleicht soll es ja nicht sein.« Aber als sie das Clark erzählte, hatte er nur gelacht und es »esoterisches Geschwätz« genannt.

Also schob Aster ihre Zweifel und Fragen von sich, verheimlichte sie zuerst vor den Leuten im Jugendamt, dann vor Freunden und Familie, schließlich sogar vor Clark. Und nach einer Weile hatte sie das Gefühl, wenn sie auch nur einen zuvor nicht erwähnten Zweifel zugäbe, käme dies schon dem Eingeständnis gleich, dass sie alle Welt bewusst getäuscht habe.

So war es mit ihrer Schlaflosigkeit. Und mit ihrer Angst vor Clarks Eltern, die einmal – bevor sie wussten, dass sie und Clark ein Kind würden adoptieren müssen – gesagt hatten, sie könnten nicht verstehen, wie jemand einem Enkelkind, das nicht die eigenen Gene habe, die gleichen Gefühle entgegenbringen könne. Aster gab nie zu, dass diese Einstellung ihr Sorgen bereitete; und immer öfter sagte sie Clark auch nichts davon, wenn sie krank oder wegen irgendetwas aufgebracht war.

Hier sind wir nun den ganzen Tag zusammen, dachte sie, mehr als wir es in Jahren je gewesen sind, und trotzdem reden wir nicht mehr richtig miteinander; schon lange nicht mehr.

So hatte sie es vor Kurzem auch aufgegeben, sich über die Geräusche zu beklagen, die sie jede Nacht wach hielten. Das unregelmäßige Schnarren und Rattern der Klimaanlage, das monotone Scheppern und Bimmeln der asiatischen Musik, das Rumpeln und Knarren des Hotelaufzugs. Und manchmal kam ein anderer, leiser Ton hinzu: ein kurzatmiges Wimmern und Heulen.

Beim ersten Mal hatte sie Clark aufgeweckt. »Hast du das gehört?«, rief sie.

»Wie?« Ihr Mann, der gut und fest schlief, hob im Dämmerlicht halb den Kopf.

»Da weint ein Kind.«

»Das ist nur Luft in der Wasserleitung.« Damit war er in seine Bewusstlosigkeit zurückgesunken.

Aber das Heulen dieses geisterhaften Kindes – oder der Wasserleitung – ging weiter. Aster hörte es fast jede Nacht. Sie weckte Clark nicht noch einmal auf, weil sie fürchtete, er würde wieder, wie so manches Mal schon, lächelnd sagen: »Aster hört immerzu Dinge, die andere nicht hören.« Was nicht nur ein Kompliment für ihre guten Ohren war, sondern auch eine leise Anspielung auf die südkalifornische Subkultur, aus der sie kam. Das war nicht fair, denn sie hatte das alles lange hinter sich gelassen, mitsamt ihrem anstößigen Vornamen Astarte.

Im Grunde waren es doch genau diese Dinge, für die der Name Astarte stand, vor denen sie ihr künftiges Baby bewahren wollte. Ihr Kind sollte, auch wenn es indischer Herkunft war, nicht in so einer konfusen, ärmlichen, unsauberen Welt aufwachsen wie sie, umgeben von wirrköpfigen Spiritisten und zu vielen Geschwistern, zwischen Mantras, Meditation und gedankenlosen Umarmungen, mit farblosen, aus alten Bettlaken zusammengenähten Röcken und scharf gewürzten Gemüseeintöpfen, die so lange auf dem Herd standen, bis sie eingetrocknet und schal waren, inmitten eines mehr oder minder gutartigen Egoismus, den man »Selbstverwirklichung« nannte.

Beim ersten Mal, als Aster sich über die nächtlichen Geräusche beschwerte, hatten sie und Clark davon gesprochen, in ein besseres Hotel zu ziehen. Jetzt, da ihre Reiseschecks immer weniger wurden, war Aster für ein billigeres.

»Du erinnerst dich doch an dieses schwedische Ehepaar, das wir letzte Woche in der Vermittlungsagentur kennengelernt haben«, begann sie, als sie nebeneinander an dem lauwarmen Hotelswimmingpool lagen, auf dem lauter tote exotische Insekten schwammen.

»Du meinst, die mit dem ziemlich dunkelhäutigen Baby?« In Clarks Stimme lag wieder dieselbe Mischung aus Amüsement und Bestürzung wie schon letzte Woche, als er sie auf die beiden sehr großen, sehr blonden jungen Leute mit ihrem winzigen, fast schwarzen Kind aufmerksam gemacht hatte. (»Man sollte doch meinen, der IAS könnte sich etwas mehr bemühen, ein Kind zu finden, das zu den Eltern passt«, hatte er dazu bemerkt.)

»Ja, die. Sie wohnen in einem Dreisternehotel, und wie die Frau mir gesagt hat, ist es ganz in Ordnung. Ich dachte, wir könnten dort mal anrufen und fragen, ob sie noch ein Zimmer frei haben.«

»Hm – ich weiß nicht.« Clark sprach wieder in dieser merkwürdigen Art, die er sich neuerdings zugelegt hatte: ein paar rasche Worte, dann eine lange Pause. Irgendwie musste Aster dabei an diese explosionsartigen Geräusche von neulich denken, als er nach dem Essen in einem Gartenrestaurant vierundzwanzig Stunden lang die Lauferei gehabt hatte – als wäre auch das Sprechen so eine schmerzhafte Form der Entleerung. »Wir müssten dem IAS aber den Umzug melden.«

»Ja, natürlich.«

»Dann denken die vielleicht, dass wir – dass uns das Geld ausgeht.«

»Aber das stimmt doch auch«, sagte Aster. »Es könnte uns jedenfalls ausgehen, wenn wir noch recht lange in Delhi bleiben müssen.«

»Es ist nur so – wenn die glauben –, wir hätten ihnen etwas vorgemacht …«

»Haben wir aber nicht.« Asters Erwiderung war fast eine Frage. Clarks Einkommen als freier Planungsberater war weniger durchschaubar und nicht so geregelt wie ihr Gehalt als Museumsverwalterin. »Oder etwa doch?«

»Nein – aber ich möchte lieber nichts riskieren.« Clark sah beim Sprechen nicht seine Frau an, sondern blickte in die fransigen Kronen der welken Palmen.

Aber ich muss hier ausziehen, dachte Aster, ich muss raus aus diesem teuren Spukhotel. Sie machte schon den Mund auf, um ihm das zu sagen, schloss ihn aber wieder. Wir dürfen uns nicht streiten, sagte sie sich, das könnte alles verderben. Keine Adoptionsvermittlung würde einem Ehepaar, das sich dauernd streitet, ein Kind geben. Und wenn sie jetzt Streit bekämen, würde es ein ernster Streit sein, den man ihnen heute Nachmittag bei ihrem Gesprächstermin noch anmerken könnte.

»Na gut«, gab sie ohne Überzeugung nach.

Du musst durchhalten, dachte sie, während sie sich unter der dunstigen Sonne auf den Rücken drehte. Es wird schon klappen. Hatte Mrs. Fogel zu Hause ihnen das nicht so gut wie garantiert? »Sie dürften mit dem IAS keine Schwierigkeiten haben«, hatte sie gemeint und das »Sie« so betont, als trügen Aster und Clark ein Transparent mit der Aufschrift »Ideale Adoptiveltern« über den Köpfen.

Ihr Kind würde ein Mädchen sein, da war sich Aster so gut wie sicher; es waren doch die kleinen Mädchen, die man in Indien fortgab, vernachlässigte oder an Fieber und Unterernährung sterben ließ. Oder die man schon vor der Geburt abtötete, wenn ihr Geschlecht erst bekannt war. Aster war sehr dafür, dass Frauen über ihre Schwangerschaften selbst entscheiden sollten, aber manchmal konnte sie nicht umhin, an die täglichen Verluste, die Morde an gesunden, liebenswerten indischen Kleinkindern zu denken.

Und auch an amerikanischen, seit dem Prozess Roe gegen Wade. Sie und Clark waren in ein historisches Luftloch gefallen: Vor dreißig Jahren hätten Leute wie sie sich noch die Adoptivkinder aussuchen können. Eines Tages würde der Oberste Gerichtshof diese Entscheidung vielleicht revidieren. Aber so lange konnten sie nicht warten. Aster war jetzt schon vierzig, Clark einundvierzig, zu alt für jede amerikanische Adoptionsvermittlung. Denn das war ja die Methode, nach der diese Stellen arbeiteten. Erst ließen sie einen warten, vier Jahre, fünf Jahre, sechs; und dann sagten sie einem, man sei zu alt. Dies hier war die letzte Chance.

Aster war froh, dass es ein Mädchen sein würde. Sie sagte das aber nicht, wie auch Clark nicht mehr sagte, dass er sich einen Jungen wünsche. Das hatte er nämlich gesagt, als er noch annahm, es werde bei ihnen genauso gehen wie bei anderen Ehepaaren. »Zuerst Clark Stockwell IV, danach alles, was du willst«, hatte er gescherzt, als sie über solche Dinge noch zu scherzen pflegten. Vielleicht hoffte er ja auch jetzt noch auf einen Jungen.

Wie grauenhaft das war, wie unfair, dass sie in Ämtern herumsitzen und Fremde um eine Gunst anbetteln, ihr Einkommen offenlegen, sich begutachten und beurteilen lassen mussten, während auf der anderen Seite Leute, die offenkundig unreif und verantwortungslos, sogar grausam oder verrückt waren, ein Kind nach dem anderen bekamen. Aster konnte zu Hause nicht einkaufen gehen, ohne irgendeiner übellaunigen, ungeeigneten Mutter mit ein paar beklagenswerten, ungepflegten Kindern zu begegnen, die sie offenbar gar nicht wollte. Nicht verdiente.

Hier war es genauso. In Delhi wimmelte es von zerlumpten, ausgelaugten Frauen, die ein halb nacktes Baby auf dem Arm trugen und ein zweites hinter sich herzerrten. Und fast noch schlimmer diese Bettelkinder: mager, schmutzig, barfüßig, manche erst vier oder fünf Jahre alt. Wo man hinkam, bedrängten sie einen von allen Seiten, fassten einen am Arm, zerrten einem an den Kleidern und schrien »Bakschisch, Bakschisch!« Man wusste nicht, ob und welche von ihnen simulierten; die einzige Lösung war, keinem etwas zu geben.

»Vergiss nicht, Clark, was im Reiseführer steht, wir dürfen ihnen nichts geben«, hatte sie ihn an ihrem ersten Tag in Delhi ermahnt, als sie aus dem Flughafen in die erdrückende Hitze traten und sich von spindeldürren, lärmenden Straßenkindern umringt sahen.

»Entschuldigung«, hatte er gesagt, während er hinter ihr ins Taxi einstieg und die Tür zuschlug. »Es waren doch nur ein paar von diesen kleinen Blechmünzen – nein, verdammt noch mal, mehr gibt's nicht!«

Aber immer mehr zerlumpte Kinder waren wie aus dem

Nichts erschienen, schrien mit ihren schrillen Stimmen und streckten ihre mageren dunklen Hände aus. Auch nachdem Aster das Fenster hochgekurbelt hatte, drückten die Kinder noch ihre schmutzigen Hände und Gesichter gegen die Scheibe und starrten mit ihren wässrigen schwarzen Augen zu ihr herein, bis das Taxi anfuhr und sie abschüttelte.

»Ich verstehe nicht, warum es nicht irgendeine Stelle gibt, die solchen Kindern ein Zuhause vermittelt«, hatte sie an diesem ersten Abend zu Clark gesagt, als sie am Dschanpath spazieren gingen und sich vor den Bettlern in einen Souvenirladen flüchten mussten – es waren nicht nur Kinder, auch runzlige Großmütter in verschlissenen Saris, zwittrige zahnlose Gnome mit von Lepra zerfressenen Nasen und Händen, drohende Heranwachsende mit Schnittnarben in den Gesichtern.

»Das ginge gar nicht«, hatte Clark geantwortet. Im gleißenden Licht des Ladens, umgeben vom Flitter der bronzenen Tablette und Schalen und Kerzenhalter, hatte er ganz erschöpft gewirkt. »Solche Kinder würde niemand haben wollen. Sie haben chronische Krankheiten, schlechtes Erbgut, könnten geistig behindert sein. Außerdem haben die meisten wahrscheinlich Eltern oder zumindest jemanden, zu dem sie gehören. Jemanden, der sie zum Betteln anhält und von ihnen lebt.«

Er machte dabei genau so ein Gesicht wie zu Hause, wenn bei einem Auftrag etwas schiefgegangen war: die Lippen zusammengepresst, die Augen zugekniffen. Immer öfter trug er diese Maske, dachte Aster; auch jetzt, als er hier im Liegestuhl am Swimmingpool lag, die leinene Cricketmütze über die Augen gezogen, die langen blassen

Beine mit einem blau gestreiften Hotelhandtuch vor der Sonne geschützt.

Aber es macht nichts, sagte sie sich. Gewiss würden sie bald ihr Kind haben. Sie würden es mit nach Hause nehmen, wo das Zimmer schon eingerichtet war, mitsamt dem großen weißen Teddybär und einem Mobile aus Vögeln über dem Bettchen. Dann würden sie auch wieder miteinander reden.

»Es wird klappen«, erklärte Aster drei Stunden später, als sie wieder ihr Hotelzimmer betraten. »Ich bin ganz sicher.«

»Hoffentlich hast du recht.« Clark seufzte. »Mein Gott, jetzt muss ich aber unter die Dusche.«

»Ich auch«, sagte sie, während sie ihm ins Bad folgte. »Mrs. Bannerjee hat heute viel mehr gelächelt als sonst, fandest du nicht?«

»Sie lächelt doch immer«, sagte Clark.

»Und sie hat versprochen, später anzurufen und uns endgültig Bescheid zu sagen.« Aster schälte sich aus ihrem feuchten Baumwollkleid und dem engen, feuchten BH.

»Mhm. Geh du zuerst.«

Clark ist immer so vorsichtig, dachte sie, als sie nackt unter dem lauwarmen Nieselregen stand. Aber ich weiß, dass wir unser Baby bekommen. Wenigstens ein Kind wird damit aus dem Lärm und Schmutz, der Gewalttätigkeit in diesem Indien gerettet werden; sein Leben wird sich entscheidend verändern, seine Zukunft gesichert sein.

»Du bist dran«, rief sie und griff nach dem Badetuch.

Im Zimmer war es warm, obschon etwas kühler als draußen. Ohne sich erst groß einen Bademantel überzuziehen, streckte Aster sich auf der geblümten Bettdecke aus.

»Schon besser.« Clark, ebenfalls nackt, setzte sich neben sie, dann rückte er näher. »Aster? Wie wär's?«

»Warum nicht?« Sie lächelte. Ein Gutes an Neu-Delhi war, wie es sich auf ihre körperlichen Beziehungen auswirkte. Vor sechs Jahren, als sie merkten, dass Aster nicht gleich schwanger würde, war Sex zuerst eine Sache von übergroßer Bedeutung geworden, dann eine Frage von Berechnungen, Tabellen und Thermometern. Und als schließlich alle Mühe nichts fruchtete, waren sie erschöpft, ihre Zärtlichkeiten zur Routine geworden, gelegentlich sogar zu einem Mittel des Spannungsabbaus verkommen.

Aber in Neu-Delhi hatten sie Zeit und Muße und Erholung; Zeit zum Experimentieren.

»O Darling«, flüsterte Aster zwanzig Minuten später. Trotz Klimaanlage war sie wieder nass am ganzen Körper. »Ich fühle mich so gut.«

»Freut mich.« Clark lächelte.

»Es ist, als ob – ich weiß nicht – mich prickelt's überall, vor allem in den Brüsten.«

»Mhm … o verdammt!« Neben dem anderen Einzelbett hatte das Telefon zu klingeln begonnen; Clark tapste hin.

»Clark Stockwell … ja?« Eine lange Pause, in der er sich die Bettdecke über die Beine zog, als wollte er sich vor dem neugierigen Blick des Telefons schützen. Aster stützte sich auf einen Ellbogen. Sie hatte jetzt so ein mulmiges Gefühl im Magen, fast wie Übelkeit.

»Ja, aber ich hatte Sie doch so verstanden …« Wieder eine lange Pause, so lang diesmal, dass Aster sich aufsetzte, dann zu ihm ging und sich neben ihm hinkniete.

»Nein, ich dachte, Sie hätten schon Ihre Zustimmung

gegeben …«, sagte Clark in diesem neutralen, förmlichen Ton, den er immer anschlug, wenn ein Kunde, dem es an guten Geschäftsmanieren mangelte, ihn zu Hause anrief. »Nein, das haben wir nicht.«

»Was ist denn?«, rief Aster, als er den Hörer auflegte.

»Es tut mir so leid, Darling.« Clark räusperte sich harsch. »Der IAS hat uns abgelehnt.«

»Nein! Warum denn?«

»Einen Grund nennen sie nicht. Sie sagen, es sei gegen ihre Prinzipien.« Er räusperte sich wieder. »Ich weiß nicht – es könnte sein, was uns schon einmal Sorgen gemacht hat, dass sie uns zu alt finden.«

»Aber so etwas Idiotisches! Mrs. Fogel hat doch gesagt, das spiele keine Rolle … und überhaupt ist Amerika nicht Indien, unsere durchschnittliche Lebenserwartung liegt bei – ich weiß es nicht genau – fünfundsiebzig? Ein jetzt geborenes Kind wäre dann schon über dreißig. Wir müssen ihnen das erklären, ihnen sagen …«

»Ich glaube, das wird nichts mehr nützen. Mrs. Bannerjees Ton war sehr entschieden.«

»Ist mir egal. Ich rufe dort an.«

Clark sagte dazu weder Ja noch Nein. Er saß stumm dabei, während Aster sich durch den Dschungel der Hotelvermittlung und des Telefonsystems von Neu-Delhi kämpfte. Ohne jetzt noch darauf Rücksicht zu nehmen, dass man sie für eine hysterische, aufdringliche, zur Mutter ungeeignete Person halten könnte, verlangte sie jeden zu sprechen, den sie je beim IAS kennengelernt hatten – protestierte, argumentierte, flehte, versuchte ohne Erfolg den Schleier höflichen Bedauerns zu durchdringen.

»Die sind alle unmöglich, so begriffsstutzig!«, schrie sie, nachdem sie aufgelegt hatte. »Wie ich diese fette Mrs. Bannerjee hasse, überhaupt alle miteinander.« Sie unterdrückte ein Schluchzen. »Hör mal, Clark, ruf du doch mal den Direktor an. Männer zählen in diesem Land mehr als Frauen, vielleicht hört er dir zu.«

Ihr Mann schüttelte den Kopf. »Es würde nichts nützen«, wiederholte er.

Clark versteht mich nicht, dachte sie. Und als wir vorhin miteinander schliefen, hat er auch nicht gesagt, dass er mich liebt. Und wenn wir uns nicht lieben, können wir von jetzt an nicht mehr zusammenbleiben. Niemand könnte das.

Den ganzen Abend blieb Clark wie versteinert, während Aster tobte und heulte. Er nahm vor dem Abendessen zwei Drinks zu sich und trank dann noch fast die ganze Flasche Wein, aber man merkte ihm nichts davon an. Aster, die viel weniger trank, fühlte sich schon bald ein wenig wacklig auf den Beinen. Um zehn stand sie weinend und noch ganz benommen vor Wut unter der Dusche, die ihr Wasser auf sie tröpfeln ließ, als weinte auch sie.

»Ich kann es noch immer nicht glauben; ich ertrage das nicht«, schluchzte sie, als sie sich aufs Bett fallen ließ.

»Ich weiß, Darling, es tut mir so leid«, murmelte Clark vom anderen Bett herüber. Seine Stimme klang ganz gepresst vor Alkohol und Erschöpfung. Ein paar Minuten später atmete er tief und regelmäßig – schnarchte fast. Aster lag wach und beobachtete das unstete Licht durch die Jalousien, hörte das misstönende Durcheinander der Hotelgeräusche, das sinnlose unmelodische Bimmeln und

Scheppern der indischen Musik, das Knarren und Rumpeln des Aufzugs. Und diesen leisen, höhnischen Ton, der sich anhörte wie ein weinendes Kind.

Endlich schlief sie doch ein, und als sie aufwachte, fühlte sie sich erschöpft und krank. Vom Anblick der wabbeligen Spiegeleier auf ihrem Frühstücksteller wurde ihr übel. Als Clark sich erbot, allein zum Reisebüro zu gehen und sich nach den Amerikaflügen zu erkundigen, taumelte sie auf ihr Zimmer und sank in einen resignierten Halbschlaf.

Eine halbe Stunde später war Clark zurück. Sie hätten Glück und könnten noch heute Abend nach Hause fliegen, berichtete er; aber warum sollten sie ihren Rückflug nicht noch etwas hinausschieben und sich etwas mehr von Indien ansehen, wenn sie schon einmal hier seien? Warum nicht irgendwohin in die Berge fahren, wo es kühl und malerisch sei?

»Sieh mal, hier wären ein paar Möglichkeiten.« Clark streckte ihr einen Packen bunter Prospekte hin. »Ich finde, wir sollten noch irgendwohin fahren, damit die Reise nicht ganz umsonst war.«

Aster fegte die Prospekte mit der Handkante auf den Teppich. »Aber sie war umsonst!«, rief sie. »Alles war umsonst, alles, was wir die ganzen letzten Jahre gemacht haben, war umsonst. Indien ist mir zuwider.«

»Dann könnten wir es mal mit Nepal versuchen. In Katmandu soll es ein sehr gutes Hotel geben, und um diese Jahreszeit …«

»Ich will überhaupt nirgendwohin.« Aster begann wieder zu weinen, doch es waren die trockenen, leeren Schluchzer der Erschöpfung. »Ich will nur noch nach Hause.«

»Darling, es tut mir so leid«, sagte Clark, jetzt vielleicht schon zum fünften Mal innerhalb von vierundzwanzig Stunden. »Wie du möchtest.«

Warum entschuldigt er sich immerzu bei mir?, dachte sie, nachdem ihr Mann wieder zum Reisebüro gegangen war.

Weil es für dich schlimmer ist als für ihn, sagte die dünne Stimme in ihrem Kopf. Weil Clark in Wahrheit gar kein dunkelhäutiges indisches Kind zur Tochter haben will, nie haben wollte. Er ist wie seine Eltern: Was er wollte, war ein Sohn, der ihm ähnlich sieht.

Aber Clark kann ja noch bekommen, was er will, dachte Aster, während sie Sachen in ihren Koffer zu packen begann. Einundvierzig ist nicht alt für einen Mann. Er könnte wieder heiraten und Kinder haben. Sie sah auch schon die Braut, auf die seine Wahl sicher fallen würde: eine dieser gescheiten jungen Anwaltsgehilfinnen in seinem Büro. Er war ein gut aussehender und wohlerzogener Mann, erfolgreich und intelligent. So manche junge Frau würde ihn mit Freuden heiraten und ihm Clark Stockwell IV schenken.

Das hätte er längst haben können, dachte Aster dann, während sie eine weitere Schublade öffnete und einen Stapel T-Shirts herausnahm. Stattdessen ist er bei mir geblieben, auch als er schon wusste, dass es nie einen echten Clark Stockwell IV geben würde. Er ist mit mir zu all diesen Vermittlungsagenturen gegangen, zu all diesen Gesprächen, und er ist mit mir nach Indien gekommen, weil ich ein indisches Kind haben wollte. Er ist meinetwegen mitgekommen, weil er mich liebt.

Ja, und ich liebe ihn auch, dachte sie. Aber was nützt das? Sie kam jetzt an die unterste Schublade, in der sich außer den warmen Sachen, die sie seit ihrer Abfahrt von zu Hause nicht ein einziges Mal angehabt hatte, noch alle möglichen Toilettenartikel befanden. Ein Erste-Hilfe-Kasten, eine Packung Windeln, eine ungeöffnete Schachtel Binden, auf der »Always« stand – warum hatte sie eine Marke mit diesem Namen gewählt, der sie verhöhnte, ihr verhieß, dass sie nie schwanger würde, dass sie jeden Monat ihre Blutungen haben werde, immer, bis sie zu alt dafür wäre?

Ungeöffnet? Aber wir sind doch schon fast einen Monat in Indien, dachte Aster. Sie hätte inzwischen längst ihre Tage haben müssen. Es musste an der Hitze liegen, am Jetlag, ihren Ängsten, ihrem Elend – das alles zusammen hatte ihre Periode hinausgezögert. Aster ließ einen Armvoll Sachen aufs Bett fallen und griff nach dem Taschenkalender. Es war schon gut drei Wochen über die Zeit.

Das kann nicht sein, dachte sie. Sie wagte dem »das« nicht einmal einen Namen zu geben. Nicht nach all den Jahren. Aber die allmorgendliche Übelkeit seit fast einer Woche, dieses Prickeln, ihre geschwollenen Brüste …

Vor Asters innerem Auge erschien die Disneyland-Lakschmi. »Ich weiß etwas, was du nicht weißt«, schien sie wieder zu sagen, doch diesmal war ihr Lächeln auch freundlich, nicht nur verschlagen.

Ich werde nichts davon erwähnen, gelobte sich Aster, nicht bevor wir wieder zu Hause sind und ich bei Dr. Stewart war. Es kann nicht wahr sein. Aber wenn nun doch?

Nachdem sie im Hotel die Rechnung bezahlt und zu Abend gegessen hatten, blieb ihnen noch fast eine Stunde, bis Clark und Aster sich auf den Weg zum Flughafen machen mussten. Zum letzten Mal spazierten sie die Hotelzufahrt hinunter und bogen auf den Dschanpath ein, hinein in den lila Dunst der Abendhitze und das übliche Gewimmel der Bettler.

»Kein Bakschisch!«, sagte Clark barsch, wobei er sich zwischen ihnen hindurch in einen Laden mit Lederwaren drängte, die sich vielleicht als Reisemitbringsel für seine Mitarbeiter eigneten. Während er in den Brieftaschen aus geprägtem farbigen Leder wühlte, blieb Aster am Eingang stehen und sah dem vorbeiziehenden Strom von Indern und Ausländern zu: alle Altersstufen, alle Rassen, alle Farben.

Plötzlich erschien unter einem Baum auf der anderen Straßenseite die Gestalt der Göttin Lakschmi: eine dunkeläugige junge Frau mit verfilztem, hüftlangem Haar und vier nackten Armen. Natürlich konnte das nicht sein, aber es war doch so: ein magerer dunkler Arm, der ihren Sari zusammenhielt, ein zweiter Arm ausgestreckt, zwei weitere, kleinere Arme, die über ihrer Schulter fuchtelten; und das gleiche wissende Lächeln. Aster fühlte sich fiebrig und elend; vielleicht wurde sie verrückt.

Die Lakschmi-Figur ging weiter und drehte sich um; jetzt sah Aster, dass sie auf ihrem Rücken, eingewickelt in einen Schal, den Kopf hinter dem ihren, sodass er vorher nicht zu sehen gewesen war, ein kleines Kind trug, dem dieses zweite Paar Arme gehörte. Sie waren real, es waren Bettler – Zigeuner vielleicht.

Die Bettlerin sah Asters Blick und kam, eine ihrer vier Hände vor sich ausgestreckt, zu ihr herüber. Das Kind, das über ihre Schulter guckte, erwiderte Asters Blick mit seinen wässrigen, brombeerfarbenen Augen und gab einen leisen, dünnen Schrei von sich. Wie in Trance ging Aster auf die beiden zu. Sie öffnete ihre Handtasche, griff hinein und nahm den Packen Papiergeld heraus, das sie am Flughafen hatten wechseln wollen.

»So, dann sollten wir jetzt mal zum Hotel zurückgehen«, sagte hinter ihr Clarks Stimme, und dann: »Aster? Was machst du da?« Aber er kam zu spät. Die magere, schmutzige Hand der Bettlerin hatte sich schon um die Scheine geschlossen; sie machte kehrt und eilte davon.

Andere Bettler, die den Erfolg ihrer Kollegin beobachtet hatten, umdrängten jetzt Aster, zerrten an ihren Kleidern und heulten mit jammervollen Stimmen. Aber Clark packte seine Frau am Arm und zog sie in den Laden zurück.

»Was ist los?«, fragte er. »Wie viel hast du diesem Mädchen gegeben?«

»Ich weiß es nicht. Alles«, keuchte Aster. »Sie war so mager. Und ihr Kind hat so geweint.«

»Aber Darling.« Clark legte den Arm um sie. »Du hattest noch über fünfzig Dollar in Rupien.«

»Ist mir egal. Ich wollte etwas tun – irgendjemandem etwas richtig Gutes tun.«

»Na, das hast du wohl.« Er lachte. »Fünfzig Dollar, das ist für so eine Frau ein Jahreseinkommen, vielleicht mehr.«

»Ist mir egal«, wiederholte Aster mit zitternder Stimme.

»O Darling.« Auch Clarks Stimme zitterte. »Es tut mir so leid.«

»Ich weiß.« Aster lehnte sich fester an ihn.

»Geht's dir jetzt gut?«

»Doch, ja.« Sie lächelte.

Durch die zunehmende Dämmerung begaben sie sich

zurück zum Hotel. Auf halbem Weg sah Aster die Bettlerin wieder, wie sie sich durch die Menge drängte. Ihr Kind weinte nicht mehr und fuchtelte auch nicht mehr mit den Ärmchen; es schlief ganz tief auf dem Rücken seiner Mutter, eingewickelt in den zerlumpten Schal.

Mehr als ein Jahreseinkommen, dachte Aster. Selbst wenn das, was ich glaube, nicht stimmt, so ist doch in Indien wenigstens etwas geschehen. Ich habe dieser Frau und ihrem Kind etwas wirklich Gutes getan. Vielleicht habe ich ihr Leben verändert.

– Weißt du was? Ich habe dein Leben verändert! –

Die Worte klangen so laut in ihrem Kopf, dass Aster schon glaubte, sie habe sie wirklich ausgesprochen. Doch die Lakschmi ging weiter, ohne etwas gehört zu haben, verschwand in der lärmenden, drängelnden Masse der Inder, der dunstigen, dunkel werdenden Stadt.

Palast der Mühen

Du darfst dir nicht die Schuld geben, sagt meine Freundin Clara und zerteilt mit einem mächtigen Hieb das noch halb gefrorene Huhn, das ist das Wichtigste, du darfst dir nicht die Schuld geben an dem Charakter deiner Tochter.

Clara hat keine Kinder und meistens auch keinen Mann.

Wir sind gleich alt, aber sie sieht jünger aus als ich. Ihre Figur ist besser als meine, und ihre Haut ebenfalls. Sie hat nicht unbedingt weniger Fältchen als ich (noch sind es keine Falten, nein, wirklich nicht), aber ihre Haut wirkt insgesamt straffer, wie aufgepumpt. Xaver behauptet, sie wirke so, als bekäme man fettige Finger, wenn man sie anfasst. Ich weiß, was er meint, es ist diese unentwegte, sorgfältige Pflege, die sie ihrer Haut angedeihen lässt, obwohl es meiner Meinung nach gleichgültig ist, ob man sich Schweineschmalz ins Gesicht schmiert oder sündhaft teure Cremes, wirklich entscheidend ist etwas anderes: Sie durfte die letzten fünfzehn Jahre jede Nacht mindestens acht Stunden schlafen, und wenn sie Lust hatte, die Wochenenden im Bett verbringen. Ich nicht.

Ich warte auf den Augenblick, wo Claras Kinderlosigkeit sie ein wenig vertrocknet aussehen lassen wird, unerfüllt um die Augen herum, ihr einen bitteren Zug um den Mund geben wird, wo sie an eine Heuschrecke erinnern wird und ich an ein glückliches Schwein.

Das Schwein ist mein chinesisches Himmelszeichen, deshalb schenkt Clara mir zu jedem Geburtstag seit über fünfundzwanzig Jahren ein Schwein.

Ein viereckiger, ziemlich großer Karton in Geschenkpapier steht auf dem Kühlschrank, sie wird mich heute mit einem besonders großen Schwein überraschen. Ich habe es nie übers Herz gebracht, ihr zu sagen, dass ich Schweine eigentlich gar nicht mag. Ich mag ihre wasserblauen Äuglein nicht, mit denen sie einen so vertrauensselig anblinzeln, ihre Menschenähnlichkeit mit ihren schlechten Nerven, ihrem hysterischen Gekreisch, ihrem suchtartigen, alles verschlingenden Fressverhalten.

Claras Schweine waren Annas erstes Spielzeug. Meine Weine, rief sie und ließ die Schweine auf dem Teppich auf und ab wandern. Sie bekamen Cornflakes und Honigpops zu fressen.

Ich weiß nicht, ob es eine Frage des Charakters ist, wenn man sich zu Tode hungert, sage ich. Clara gibt mir Knoblauch zum Wiegen auf einem rotkarierten Frühstücksbrettchen.

Bestehst du immer noch auf der Milieutheorie?, fragt sie. Damit bist du hoffnungslos altmodisch, weißt du das nicht? Selbst Alkoholismus wird vererbt…

Also ist doch alles meine Schuld, sage ich.

Clara sieht mich nachdenklich an, dann wird ihr Ausdruck verträumt. Ich weiß, was jetzt kommt, ich könnte Geld drauf wetten. Sie kann es nicht lassen.

Vielleicht war sie in einem anderen Leben zu fett, vielleicht ist sie an Fettleibigkeit gestorben vor vielen, vielen Jahren...

Meine Tochter, ein chinesischer Mandarin, sage ich.

Elvis Presley, sagt sie.

Ein asthmatischer Dackel.

Wir lachen ein wenig. Ich seufze.

Es heißt, magersüchtige Töchter haben Angst, ihre erfolgreichen Mütter zu enttäuschen, sie fühlen sich minderwertig, haben keine Kontrolle über ihr Leben, ihr Hungern ist ein Kampf gegen die Übermutter.

Okay, sagt Clara, du bist an allem Schuld.

Sie grinst mich an. Ihre gefärbten roten Haare leuchten im Gegenlicht, die ursprünglich grauen Haare einen Ton heller als die übrigen, fast orange.

Anna behandelt mich wie Luft, starrt auf ihren Teller und zerteilt den halben Apfel, den sie zu Mittag isst, in dreißig Teile, sage ich und fange an zu heulen. Ich lasse den Kopf über das Knoblauchbrett hängen, eine große Müdigkeit drückt mich nieder wie ein Stein, als hätte ich fünfzehn Jahre lang nicht geschlafen.

Bevor Anna auf die Welt kam, habe ich versucht, auf Vorrat zu schlafen, ich ahnte bereits, dass ich nicht so bald wieder dazu kommen würde. Im letzten Monat meiner Schwangerschaft tat ich nichts weiter, als mich durch unentwegtes Schlafen vom Schlaf zu verabschieden. Ich lag auf einer roten Liege im Garten unter einer grünen Esche und schlief. Nur widerwillig öffnete ich ab und an die Augen, starrte in die windbewegten Blätter über mir, bis meine Augen wieder schwer wurden, sich schlossen und ich zurückfiel in diesen wie ein Kokon alles umhüllenden Schlaf, der die Grenzen zwischen Wirklichkeit und Traum verwischte, alle harten Kanten auflöste, bis nichts mehr wehtat. Während ich in ihn hineinsank wie in süße Molasse verspürte ich einen scharfen bitteren Abschiedsschmerz, als dürfe ich meinen Liebsten nur noch wenige Male sehen, und wenn ich aufwachte, war der rote Stoff neben meiner Wange tränennass.

Ein Satz, der wahrscheinlich öfter über mich gesagt wurde als jeder andere und der eine originelle Grabinschrift abgeben würde: Wie kann man nur so lange schlafen! (Meine Mutter erfand diesen Satz, und er wurde von allen Menschen, mit denen ich länger Kontakt hatte, wiederholt, ohne dass sie meine Mutter je kennengelernt hatten. Sie alle öffneten irgendwann den Mund und ließen diesen Satz herausfallen wie ein hartgekochtes Ei.)

Das war mein Leben vor Anna.

Mein heißgeliebter Schlaf war der Grund, warum Xaver mich so lange nicht zu einem Kind überreden konnte. Das habe ich ihm nie gesagt: Ich möchte kein Kind, ich will lieber schlafen.

Ich könnte natürlich meine Liebe zum Schlaf mit meinem niedrigen Blutdruck erklären, ich bekomme Kopfschmerzen, wenn ich zu wenig schlafe, ich wache den ganzen Tag nicht richtig auf, ich kann mich kaum bewegen, so schwer sind meine Glieder, aber die Wahrheit ist: Nur im Schlaf bin ich diejenige, die ich gern sein möchte. In meinen Träumen bin ich besser, schöner, klüger. Ich schlafe voller Vorfreude ein, so wie andere Leute ins Kino gehen: der Vorhang geht auf, man lehnt sich zurück, atmet die Bilder von der Lein-

wand ein wie Parfüm und die stickige Luft seiner Alltags-
welt aus.

Meine Träume machten mich glücklich. Alpträume
kannte ich nicht – bis Anna kam.

Sie kam mit wilder Entschlossenheit auf die Welt, mit
geballter, hochgereckter Faust und wütendem Gebrüll. Ich
erschrak vor ihr und bewunderte ihre so vollkommen klar
wirkende Persönlichkeit in diesem winzigen Körper. Sie
sah mich blinzelnd und etwas misstrauisch aus noch verklebten Augen an, und mit diesem ersten Blick war es um
mich geschehen: Ich gehörte ihr. Nach diesem Blick hätte
ich sie unter allen Neugeborenen dieser Welt erkannt, sie
war Anna und sonst niemand.

In dieser Nacht, hellwach von der Geburt, fühlte ich
mich zum ersten Mal in meinem Leben auf erhebende und
zugleich angsterregende Weise mit dem gesamten Kosmos
verbunden: Ich sah mich als winzigen schwarzen Punkt
unter Millionen Punkten, eine riesige Wolke aus allen
Menschen, die je gelebt hatten und je leben würden, wie ein
gigantischer Mückenschwarm bewegte sie sich durch das
All, und ich war mittendrin. Ich war Teil der Menschheits-
geschichte geworden.

Als Xaver uns aus der Klinik abholte, hielt ich Anna wie
ein warmes Brot im Arm, mein Körper schwach vor Glück.
Im Fahrstuhl standen wir zusammen mit einer alten, wei-
nenden Frau, die gerade ihren Mann verloren hatte. Sie sah
unsere Freude, und wir sahen ihr Leid, und es gab nichts
zu sagen.

Xaver stand anfangs nachts mit mir auf, eine Woche lang etwa – so erinnere ich mich, er behauptet, die ganzen ersten Monate –, um zwei, um fünf, um sieben Uhr, jede Nacht. Bestürzt und verwirrt beugten wir uns über diesen schreienden Säugling, der wütend mit den Händchen fuchtelte, und konnten uns in unseren schlaftrunkenen Köpfen nicht gleich erinnern, woher er so plötzlich gekommen war. Zehn Minuten rechte Brust, zehn Minuten die linke. Nach der Eieruhr, denn ich verlor in der Nacht jedes Gefühl für Zeit. Während ich Anna wickelte, fielen mir oft die Augen zu, meine Glieder wurden tonnenschwer, die Knie knickten ein, und ich musste mich gewaltsam daran hindern, mich nicht einfach auf den Boden zu legen und weiterzuschlafen.

Anfangs wehrte sich mein Schlaf noch dagegen, abrupt nach nur drei Stunden beendet zu werden. Kurze Zeit später beschloss er den Boykott gegen mich, von da an bis heute durfte ich nie mehr auf ihn zählen.

Ich begann, nur noch vor mich hinzudämmern und voller Furcht und mit klopfendem Herzen auf die spitzen Schreie meiner Tochter zu warten, die mir in den Magen fuhren wie ein Dolch und die Milch aus meinen Brüsten spritzen ließen. Neben mir schnarchte Xaver leise vor sich hin. Er ging ins Bett, schaffte es gerade noch, meine Hand zu drücken oder den Arm nach mir auszustrecken, schon war er eingeschlafen. Ich habe ihn dafür nicht nur beneidet, sondern oft genug gehasst.

In meinem Dämmerschlaf klangen alle anderen Kinder, aber auch Hunde, das Bremsen der Straßenbahnen und das Motorengeräusch bestimmter LKWs wie das Weinen meines Kindes, und sofort verkrampfte sich mein Magen zu einer harten Kugel, schlug mir das Herz bis in den Hals, begannen meine Muskeln zu zittern.

Ich kann bis heute nicht verstehen, warum mein Körper mit allen Zeichen der Furcht auf dieses winzige hilflose Wesen reagierte. (Babys nennt man immer hilflos. Ich habe Anna nie für hilflos gehalten. Sie war immer mächtiger als ich. Sie konnte mich Dinge tun lassen, die ich nicht wollte, aber ich sie nicht. Niemals.)

Nach nur wenigen Wochen schlief Anna nachts durch, und dennoch hörte ich sie weinen, leise wimmern, jedes noch so weit entfernte Geräusch verstand mein Körper als Alarmsignal, er wurde von Adrenalin durchflutet, verkrampfte sich, und ich war hellwach. Manchmal klang sogar mein eigener Atem wie Annas Weinen.

Ich lauschte der alten blinden Frau, die damals noch über uns wohnte und die nachts mit schweren Schritten durch ihre Wohnung wanderte, Türen zuknallte, Stühle herumrückte. Und immer wieder gab es einen schweren, dumpfen Knall, der unsere Decke erzittern ließ und den ich mir nicht erklären konnte, Nacht für Nacht, als fiele ein Medizinball auf die Erde. Sie sei früher Primaballerina am Staatsballett gewesen, erzählte mir die Hausmeisterin. Eine schlanke dunkle Schönheit, nicht mehr wiederzuentdecken in der dicken kleinen Person mit schneeweißen, schlecht geschnittenen Haaren, die ich tagsüber oft auf ihrem Balkon auf und ab gehen sah, an regnerischen Tagen in Ölzeug, mit einem Südwester auf dem Kopf, im Winter in einem Persianer mit passendem Hut, hin und her und hin und her, fast eine Stunde lang.

Nachts löschte sie um Punkt zwölf das Licht, eine Weile

war es dann still, dann stand sie wieder auf und ging herum, vom Schlafzimmer direkt über uns in die Küche, das Wohnzimmer, ins Bad und wieder zurück. Und dann gab es den dumpfen Knall. Jede Nacht.

Lange hatten wir einen großen dunklen Wasserfleck an der Decke in unserem Badezimmer, weil sie eines Nachts die Badewanne hatte überlaufen lassen. Nur weil ich wachgelegen und das Tropfen im Badezimmer gehört hatte, wurde eine größere Katastrophe vermieden. Sie ließ mich nicht gleich hinein, ängstlich öffnete sie ihre Tür nur einen Spalt, hinter ihr war es dunkel, sie sah mich mit ihren blinden Augen an wie ein aufgeschrecktes Tier im Wald.

In ihrer Wohnung hatte sich der Dreck aus Jahrzehnten angesammelt. Das gesamte Badezimmer hatte Schimmel an den Wänden, die Badewanne war schwarz verkrustet. Ich watete durch eine braune Brühe und stellte das Wasser ab. Als ich mich aufrichtete, sah ich, dass ihre Zahnbürste, die Zahnpaste, Seife und Waschlappen mit Bindfäden an Haken befestigt waren, wohl damit sie sie besser finden und nicht verlegen konnte.

Sie saß in ihrem Persianermantel überm Nachthemd in der Küche an einem Tisch mit einer verklebten Plastiktischdecke und aß Knäckebrot, auf das sie ein paar Tropfen Maggi träufelte. Ich sah, dass die Maggiflasche, ein Messer, einige Becher, Salz und Pfeffer, eine Senftube und ein völlig verdrecktes Handtuch ebenfalls mit Bindfäden befestigt waren, manche Fäden waren ineinander verknäult, wie ein großes Spinnennetz liefen sie quer durch die Küche.

Mittendrin saß sie und mümmelte an ihrem Knäckebrot. Über ihr hing eine nackte Glühbirne. Der Linoleumboden zu ihren Füßen war mit Flecken von Verschüttetem übersät, dass man kaum noch sein Muster erkennen konnte. In einer Ecke häuften sich leere Verpackungen zu einem riesigen Berg. Es roch nach Schimmel und Tomatenketchup.

Sie sah vage in meine Richtung. Sie stören mich, sagte sie.

Es stellte sich heraus, dass sie keinerlei Versicherung besaß. Um sie nicht in Schwierigkeiten zu bringen, verschwiegen wir der Hausverwaltung den Wasserschaden, und jahrelang hatten wir den Fleck an der Decke.

Ich hätte sie fragen sollen, was der dumpfe Knall jede Nacht zu bedeuten hatte. Ich habe es nie herausgefunden.

Ich sah sie jetzt Nacht für Nacht vor mir, wie sie durch ihre dunkle, verdreckte Wohnung ging, und ich wünschte, ich wäre nie zu ihr hinaufgegangen. Als sie starb, brauchten sie allein drei Wochen, um die Wohnung auszuräumen. Eine elegante Dame im Pelzmantel mit sorgfältig frisierten platinblonden Haaren und Chanel-Handtasche überwachte die Arbeiten. Ihr Mercedes, mit Stuttgarter Kennzeichen, stand auf dem Gehweg direkt vor unserer Haustür. Sie sei die Tochter der alten Primaballerina, erzählte mir die Hausmeisterin, fast zwanzig Jahre lang habe sie ihre Mutter nicht mehr gesehen, und als sie verständigt wurde und man sie fragte, ob sie die Mutter noch einmal auf ihrem Totenbett sehen wolle, habe sie geantwortet: Um Gottes Willen, bloß nicht. Während mir die Hausmeisterin diese Schauergeschichte erzählte, trug ich Anna auf dem Arm und vergrub meine Nase in der kleinen, warmen Kuhle ihres Nackens.

In meinen schlaflosen Nächten wurde ich von Ängsten überfallen, wie ich sie vor Annas Geburt nicht gekannt hatte. Der Alltag als einzige Todesfalle für mein Kind, dieses so frische, völlig unverletzte Leben, an einem Wäschebändchen erhängt, von großen Messern durchbohrt, vergiftet, mit gebrochenem Genick auf der untersten Treppenstufe, im Kindersitz in einem zerquetschten Auto mit laut grölendem Radio, Bilder von Krieg jagten mich, von Hungersnöten und Verwüstungen, die uns alle vernichteten. Ich hörte auf, die Nachrichten im Fernsehen zu sehen, bald konnte ich sie noch nicht einmal mehr lesen.

Durch mein Kind bekam ich Angst vor dem Leben, und das war das endgültige Ende meiner Jugend, denn ich erinnerte mich genau, was ich als junger Mensch an den Erwachsenen so verachtenswert gefunden hatte: ihren notorisch misstrauischen Blick, ihre lächerliche Angst und ihre ständigen Warnungen vor dem Leben.

Xaver schenkte mir zu meinem ersten Geburtstag als Mutter die Teilnahme an einem Autosuggestionskurs. Dort verglich ein dünner, müde aussehender Mann in blütenweißen Jeans und weißem T-Shirt die Vorstellungskraft mit einem Wildbach, der einen mitreißen und verschlucken kann, und in zwölf Wochenstunden wollte er uns beibringen, das Wildwasser in ein friedliches Rinnsal in einem ordentlich befestigten Bett zu verwandeln. Schon der Gedanke gefiel mir nicht recht.

In der ersten Stunde lernten wir einen Satz, mit dem wir unserem panischen Ich bei jeder Gelegenheit das Maul stopfen sollten: ES GEHT MIR MIT JEDEM TAG IN JEDER HINSICHT IMMER BESSER UND BESSER.

Mein Ich lachte über diesen Satz.

Ich ging nie wieder hin.

Stattdessen begann ich in meinen angsterfüllten Nächten mein Leben zu organisieren. In Gedanken packte ich die Koffer für unseren Urlaub im nächsten Jahr, ich studierte Reisekataloge und verglich die Angebote, ich plante Annas erste, zweite, dritte Geburtstagsparty, ich arrangierte komplizierte Babysitterabmachungen für den Fall, dass ich krank werden sollte, ich räumte in Gedanken die Wohnung um, suchte neue Farben für die Tapeten aus, ich versuchte mich an jedes Kleidungsstück zu erinnern, das ich besaß, und sortierte meinen Kleiderschrank, ich füllte unsere Steuererklärung aus, rechnete nächtelang herum, und als auch das geschafft war ohne darüber einzuschlafen, erfand ich, ohne es damals zu wissen, meinen neuen Beruf.

Oft bekam ich nämlich in all meiner schlaflosen Angst Hunger, aber ich war zu faul, in die Küche zu gehen, wollte nicht hinaus in die Kälte, also stellte ich mir den Inhalt des Kühlschranks vor und bereitete in Gedanken die kompliziertesten Gerichte zu.

Ich sah mir zu wie einem Fernsehkoch, der minuziös einen Arbeitsgang nach dem anderen erledigt, und hoffte, durch schiere Langeweile darüber einzuschlafen, aber oft genug war ich mit der gesamten Zubereitung fertig und hatte immer noch nicht in den Schlaf gefunden, also deckte ich in Gedanken den Tisch, entwarf kunstvolle, farbige Dekorationen auf meinem imaginären Teller aus Salatblättern, Früchten und Lachs, aus Gemüse, Terrinen in Aspik, geschmorten, gebratenen, fritierten Delikatessen. Ich versuchte mich an einem japanischen Design für bayerische Schmankerln, an Mondrian ähnlichen Anordnungen von Gemüseplatten, an von Matisse inspirierten Salattellern mit blau gefärbten Lollo-Rosso-Blättern, ich arrangierte verschiedenfarbige Sülzen in Quadraten nach den Bildern von Mark Rothko und schrieb einen Satz Rothkos, den ich einmal auf einer Postkarte gefunden hatte, in goldenen Lettern aufs Damasttischtuch: LASST UNS DAS GROSSE SCHWEIGEN DURCHBRECHEN, DIE EINSAMKEIT ÜBERWINDEN. WIR MÜSSEN WIEDER LERNEN, FREI ZU ATMEN, WIR MÜSSEN DIE ARME HEBEN UND UNSERE ERSTARRUNG LÖSEN.

Meine eigene Erstarrung bestand nicht in Schweigen und Einsamkeit – im Gegenteil, ich war durch Anna ja nie mehr allein –, sondern in meiner ständigen Müdigkeit, die mich die Welt nur noch wie durch einen Schleier wahrnehmen ließ. Ich war zu jedem Gefühl zu müde, zur Liebe sowieso.

Clara schickte mich zu ihrem Akupresseur, einem sanften jungen Mann mit langen Haaren, der zu leise sprach. Er behandelte in seinem Wohnzimmer, in dem es nach Zitronengrastee roch und Zimbelmusik lief, auf dem Boden lag ein Flokatiteppich, in den Ikearegalen neben dem Massagetisch stand Rimbaud neben Fritjof Capra und den Fünf Tibetern. Er massierte meine Meridianpunkte und flüsterte ihre Bezeichnungen: KS4 – Grenztor, KS8 – Palast der Mühen, H3 – Geringes Meer, H7 – Göttliches Tor, KI5 – Taubenschwanz, M45 – Grausame Bezahlung.

Er verlangte über zweihundert Mark, und schlafen konnte ich dennoch nicht.

Xaver besorgte mir ein Massagebett. Es schüttelte und rüttelte, weckte mich auf, anstatt mich einzuschläfern, ich stellte es sofort aus, nachdem Xaver eingeschlafen war, und dann kochte ich in Gedanken wieder vor mich hin, oft bis zum Morgengrauen.

Als ich später anfing, Gerichte wie gemalte Bilder zu fotografieren, hatte ich alle meine Arrangements bereits im Kopf, mein gesamtes Konzept, ich musste nichts mehr ausprobieren, nichts verwerfen, alles, alles hatte ich bereits in meinen schlaflosen Nächten bis ins kleinste Detail vorbereitet.

Annas Therapeut habe ich nie gestanden, dass ich dem seltsamen Beruf des Food Photographer nachgehe, Fotografin musste ihm reichen, ich wollte das Aha in seinem Blick nicht sehen, seine blöde psychologische Logik, die keinerlei Sinn für Humor hat.

Niemals würde ich diesem Menschen erzählen, wie Anna mit zwei Jahren, wenn sie ihre Köttelchen ins Klo gemacht hatte, in die Schüssel starrte, draufzeigte, zum größten ›Papa‹ sagte, zu einem kleineren ›Mama‹, dann verkündete ›Arbeiten gehen‹ und die Spülung zog.

Wie sie mit fünf behauptete, ein Mädchen namens Silvia Goldschmidt zu sein, und mich monatelang siezte.

Wie sie mit sechs plötzlich nur noch ganz langsam aß, Bissen für Bissen sorgfältig kaute und auf die Frage, warum sie denn so fürchterlich mähre beim Essen, antwortete: Wer langsam isst, ist gut in der Liebe.

Nichts von Anna werde ich diesem Therapeuten verraten, nichts von der Anna, die ich kenne, die ich wirklich mehr geliebt habe als jeden anderen Menschen und immer noch liebe in den wenigen Momenten, die ich sie in dieser jungen, hasserfüllten Frau wiedererkenne, die bei mir lebt.

Heute kann ich kaum verstehen, warum ich manchmal so böse wurde, so furchtbar böse, als Anna kam und mir meinen Schlaf wegnahm. (Oh, das ist nicht schwer zu verstehen, du warst immer schon eine hoffnungslose Egoistin, höre ich meine Mutter sagen.)

Ich habe meinen Alltag mit Anna geplant, organisiert und kontrolliert wie eine Schlacht gegen mich selbst. Manchmal, wenn ich das Glück hatte, einzuschlafen, hörte ich wenige Minuten später, so schien es mir, Anna rufen ›Mama! Mama!‹, tief wie eine Schiffssirene durch dicken Nebel, und es war bereits sieben Uhr, manchmal, wenn sie gnädig mit mir war, auch halb acht, aber immer war es viel zu früh, ich war müde, hatte Kopfschmerzen und rote Augen, war gereizt, ungeduldig, bösartig.

Jeden Morgen lag der Tag vor mir wie ein unüberquerbarer Ozean. Um nicht in seinen Fluten unterzugehen, nicht verrückt zu werden, galt es, ihn genaustens zu organisieren. Männer verstehen nicht, dass Organisation Abwehr von Psychosen ist. Für sie ist es das Gegenteil.

Xaver hält mich für neurotisch, weil ich jeden Tag wissen möchte, was mit mir geschieht. (Wie störend ich es doch früher empfand, dass meine Mutter ständig etwas mit uns vorhatte! Ihre dauernden kleinen Ausflüge und Projekte! Ihre Unfähigkeit, einfach nur zu Hause zu bleiben und gar nichts zu tun. Heute verstehe ich, dass sie ihren Alltag mit uns organisierte, um nicht unsere Gefangene zu werden.)

Ich wollte nie abhängig sein von den Plänen anderer, selbst nicht von den Plänen eines Kleinkindes.

In den ersten zwei Jahren mit Anna wurde ihr Mittagsschlaf für mich zur wichtigsten Stunde des Tages, denn tagsüber konnte ich seltsamerweise schlafen.

Ich zählte die Stunden und Minuten bis ein Uhr. Fünf Stunden von Annas Aufwachen in der Früh bis zum Mittagsschlaf. Waschen und Frühstücken eine Stunde. Einkaufen eineinhalb Stunden. Noch zweieinhalb Stunden bis zum Mittagsschlaf. Dreißig Minuten Spielen, eine Stunde aufräumen, Essen kochen, essen, geschafft.

Ich verdunkelte ihr Zimmer, so dass sie oft glaubte, es sei bereits Nacht, hastig zog ich sie aus, schlug ihr eine Windel um, stopfte sie in ihren Schlafsack, atemlos vor Vorfreude auf meinen eigenen Schlaf.

Kaum hatte ich Annas Tür hinter mir zugezogen, fiel ich um wie ein gefällter Baum und tauchte in einen traumlosen Schlaf wie in einen schwarzen tiefen See. Wenn ich aus ihm wiederauftauchte, war ich eine andere Person: nicht nur hübsch, charmant und selbstsicher, sondern auch glücklich, geduldig, friedfertig. Eine gute Mutter. Nachmittags liebte ich meine Tochter am meisten, und ich schämte mich, dass ich jemals ungeduldig die Minuten mit ihr gezählt hatte. An diesen glücklichen Nachmittagen wollte ich, dass die Zeit stehenbliebe.

Wenn sie rot und heiß vom Schlaf erwachte und die Sonne in ihr Zimmer schien, ließ ich den Reflex von meiner Uhr über die Wand neben ihrem Bett wandern, und sie jagte kichernd den Sonnenfleck, streichelte und küsste ihn und nannte ihn ›Wiwi‹.

Wir gingen spazieren, fütterten die Enten, schaukelten stundenlang, bohrten mit Ästen in Gullis, balancierten auf Mäuerchen, backten Sandkuchen, erkletterten hundertmal die Rutsche.

Ihr erstes Wort war nicht ›Mama‹.

Eines Tages, an einem kristallklaren, sonnigen Herbsttag lehnte sie den Kopf in den Nacken und sagte langsam und genüsslich: Himmel. Sie lächelte. Himmel. Himmel. Himmel, sagte sie. Ich liebte sie zum Zerplatzen.

Und dann eines Tages, aus heiterem Himmel, verkündete sie: Anna nicht müde, Anna nicht Bett. Ihr kleiner Körper straffte sich, ihre Augen glänzten hellwach. Wir starrten uns an. Ich zitterte vor Erschöpfung, wie fast immer um diese Zeit nach fast zwanzig Stunden ohne Schlaf. Panik schoss hell und heiß in meinen Kopf. Kein Mittagsschlaf? Noch weitere siebeneinhalb Stunden bis zum Abend?

Behutsam, um ihren Widerstand nicht herauszufordern, nahm ich sie auf den Arm. Sie bäumte sich auf und schrie. Ich flüsterte ihr Beschwörungen ins Ohr, versprach ihr zwei Geschichten statt einer, ich versuchte sie mit Gummibären zu bestechen, erfolglos. Sie hatte sich entschieden. Keine Minute würde sie schlafen. Das war *ihr* Plan.

Ich hatte mich den ganzen Tag auf diese Stunde Schlaf gefreut, nur eine einzige Stunde, ich würde schlafen, das war *mein* Plan.

Anna tobte. Sie schrie mir so laut ins Ohr, dass ein scharfer Schmerz meinen Kopf spaltete wie ein Axthieb. Meine Nerven fühlten sich an, als lägen sie über der Haut, nicht darunter. Ich atmete durch den Mund tief ein und durch die Nase aus, wie Clara es auf ihren Yogawochenenden im Zillertal gelernt und mir gezeigt hatte.

Ich bot drei Geschichten an. Anna schrie. Ich versprach, nach dem Mittagsschlaf mit ihr in den Zoo zu gehen. Sie holte aus und schlug mich ins Gesicht. Jetzt packte ich sie und legte sie so unsanft in ihr Bett, dass sie sich den Kopf stieß. Ihr Brüllen verwandelte sich in Weinen. Ich pustete, streichelte, tröstete, tief über ihr Bett gebeugt, dass mir das

Blut in den Schläfen pochte. Ihr Weinen verebbte, sie verstummte schließlich ganz.

Als ich mich schließlich aufrichtete, glaubte ich, ohnmächtig zu werden. Sie verlangte einen weiteren Kuss, dann griff sie nach ihrem Schwan und rieb seinen Schnabel an ihrer Nase. Auf Zehenspitzen schlich ich aus dem Zimmer und die Treppe hinunter.

Auf der letzten Treppenstufe erwischte mich ihr Schrei wie ein Messer zwischen die Schulterblätter. Der Schwan war aus dem Bett gefallen. Ich gab ihr den Schwan.

Beim zweiten Mal hatte sie Durst. Ich brachte ihr Wasser.

Beim dritten Mal wollte sie noch einen Kuss. Sie bekam einen Kuss.

Beim vierten Mal war wieder der Schwan aus dem Bett gefallen. Bevor ich die Tür aufmachte, atmete ich mehrmals tief ein und aus.

Beim fünften Mal taten ihr auf unerklärliche Weise die Haare weh. Ich strich ihr über den Kopf, Ungeduld in meiner Stimme, die von Mal zu Mal härter klang. Und jetzt wird geschlafen, oder willst du, dass ich böse werde? Man stellt seinen Kindern die idiotischsten Fragen. All die Sätze, von denen man sich nie vorstellen konnte, dass man sie jemals sagen würde, sie schlummern in einem und warten nur auf die passende Gelegenheit, um einem aus dem Mund zu springen wie der Teufel aus der Kiste.

Willst du, dass ich richtig böse werde?, wiederholte ich. Sie sah mich mit blanken Augen an. Ja, sagte sie. Wir schwiegen, dann ging ich aus dem Zimmer.

Ich hatte noch nicht die Tür geschlossen, da brüllte sie schon los. Ich legte mich auf die Couch, schloss die Augen.

Hellorange Blitze zitterten hinter meinen Augenlidern, ich sah mein vor Wut wallendes Blut vor mir, wie einen roten See, über den der Wind peitscht. ES GEHT MIR MIT JEDEM TAG IN JEDER HINSICHT IMMER BESSER UND BESSER. Sie trampelte mit den Füßen gegen die Wand, ihr Gebrüll steigerte sich zu einem langgezogenen, gellenden Schrei.

Ich sprang von der Couch, nahm zwei Stufen auf einmal, riss ihre Tür auf. Was willst du?, schrie ich.

Sie stand am Geländer ihres Bettes und hatte den Mund so weit aufgerissen, dass ich ihre Augen nicht mehr sah.

Und dann geschah, wovor ich mich seither fürchte, weil es nicht nur einmal geschah, so sehr ich mir auch vornahm, nie, nie wieder: Meine Wut schoss als heiße Flamme durch meinen Körper, meine Hände glühten, und mein Kopf wurde ganz weiß, dass ich nichts mehr denken konnte. Ich riss Anna aus dem Bett, aus dem Schlafsack, ich zerrte ihr die Windel herunter und brüllte: Du willst nicht schlafen? Dann nicht! Dann eben nicht!!! Nackt ließ ich sie im Zimmer stehen, rannte hinaus und knallte die Tür hinter mir zu.

Kreischend hängte sie sich an die Türklinke, öffnete mit Mühe die Tür und rannte hinter mir her. Nackt, winzig, weinend. Sie verkrallte sich in meinen Rock, ich schüttelte sie ab. Wie ein kleiner Hund lief sie hinter mir her. Immer wieder griff sie nach mir, und immer wieder wehrte ich sie ab. Da schlug sie nach meinen Beinen. Ich drehte mich zu ihr um. Ich hob die Hand. Ich war drauf und dran, sie zu schlagen. Ein entsetzlicher, langer, hoher Schrei kam aus meinem Mund, wie ich ihn noch nie von mir gehört hatte. Keinen Menschen habe ich je so angeschrien wie mein Kind.

Anna verstummte und riss die Augen auf. Ich ging die Treppe hinunter, sie lief wimmernd hinter mir her. Ich warf mich auf die Couch, schloss die Augen. Anna stand vor mir, am ganzen Körper von Schluchzern geschüttelt, sie zerrte an meinem Arm.

Geh weg, schrie ich, ich bin müde, ich will schlafen! Geh weg!

Mit ihren kleinen Fingern versuchte sie, mir die Augenlider hochzuschieben. Ich drehte mich auf den Bauch.

Mama!, schrie sie.

Geh weg!, antwortete ich.

Mama!, schluchzte sie.

Geh weg!!!, schrie ich.

Und dann ging sie weg. Sie legte sich auf den Teppich, splitterfasernackt, krümmte sich und weinte leise. Ich sah sie an, und plötzlich verließ mich meine weiße Wut, wie eine Decke, die von mir gezogen wurde. Ich erschrak. Ich ging zu ihr, nahm sie auf den Arm, ihr zitternder Körper presste sich gegen meinen, sie schlang ihre Arme um meinen Hals. Meine Tränen liefen über ihre Schulter auf ihren Rücken.

Ich schäme mich bis heute.

Ich ging mit ihr auf dem Arm zum Fenster. Ein kleiner Fetzen Hellblau hing über den Dächern. Sie bog den Kopf nach hinten. Himmel, sagte sie, dann sah sie mich an und lächelte. Himmel, wiederholte sie.

Über uns ging die blinde Primaballerina auf ihrem Balkon auf und ab. Sie trug trotz des schönen Wetters ihren Persianermantel und einen gelben Südwester auf dem Kopf, der leuchtete wie die Sonne. Drei Schritte hin, drei Schritte her.

Clara stellt ihr Geschenk vor mich auf den Tisch.

Soll ich raten?

Pack's aus, sagt sie.

Vorsichtig versuche ich, den Tesafilm vom teuren Geschenkpapier zu lösen, Clara benutzt immer besonders ausgefallenes Geschenkpapier, wohingegen ich, glaube ich, in meinem ganzen Leben noch nie Geschenkpapier gekauft habe. Ich sammle das alte und verwende es wieder, manchmal bekommen die Leute wahrscheinlich von mir Geschenke in ihrem eigenen Geschenkpapier zurück, unordentlich eingeschlagen, die Ecken verwurstelt, zerknittert, kreuz und quer mit Tesafilm befestigt. Ich bin zu ungeduldig, um Geschenke hübsch zu verpacken.

Es ist ein Radio mit einer großen Digitalanzeige.

Kein Schwein?, sage ich und bin fast ein bisschen enttäuscht.

Nein, sagt Clara, ausnahmsweise nicht. Das ist ein *White-Noise-Maker,* ich habe ihn aus Amerika mitgebracht. Du wirst schlafen wie noch nie. Sie steckt den Stecker in den Trafo und dann in die Büchse, dreht an ein paar Knöpfen, und es ertönt ein Rauschen, sonst nichts.

Das ist leichter Regen, erklärt sie mir begeistert, es gibt schweren Regen, leichten Regen, Wasserfall und Brandung. Sie dreht den Knopf, das Rauschen wird rhythmisch unterbrochen. Du kannst sogar einstellen, ob du lange oder kurze Brandung haben willst, und alle anderen Geräusche werden einfach übertönt.

Sie drückt mir die Bedienungsanleitung in die Hand. Ein Mann im Bett ist dort abgebildet, auf seinem Nachttisch der *White-Noise-Maker,* der Mann schläft, aus seinem

Mund kommt eine Blase, in der steht ›rzzzz, rzzzz‹. Ein bellender Hund, ein Lastwagen und ein weinendes Kind sind mit einem großen roten Kreuz durchgestrichen.

Clara dreht den Knopf zurück auf Regen. Es rauscht. Clara sieht mich an. Draußen scheint die Sonne. Wir lauschen dem Regen. Danke, sage ich. Sie hört mich nicht.

JAKOB ARJOUNI

Das Innere

Wie jeden Morgen war das Frühstück eine fast stumme Zusammenkunft. Warum seine Frau auf diesen täglichen Beweis für das Scheitern ihrer Ehe bestand, war Jürgen Schröder-von-Hagen nie ganz klargeworden. Sie waren seit vier Jahren verheiratet, schliefen seit zwei Jahren in getrennten Zimmern, und vor etwa einem Jahr hatte Elisabeth, nachdem Jürgen ein paar Tage, anstatt sich im Balkonzimmer pünktlich um acht an den gedeckten Tisch zu setzen, in eine Tchibo-Kaffeestube gegangen war, gesagt: »Wenn du noch einmal nicht zum Frühstück erscheinst, reiche ich die Scheidung ein.«

Wie meistens, wenn sie mit ihm sprach, war ihr Ton kühl und beherrscht gewesen, und es bestand kein Zweifel, dass sie ihre Drohung wahr machen würde, obwohl sie eine Scheidung mehr scheute als er. Ihre Familie, deren Ruf und Name standen dagegen. Sie war eine von Hagen, und sämtliche von Hagens nahmen ihre adelige Herkunft so wichtig, wie man sie in den Neunzigerjahren noch nehmen konnte, ohne irgendwo eingeliefert zu werden. Scheidungen wurden, soweit möglich, vermieden. Dabei war es für alle Verwandten ein offenes Geheimnis, das sich Elisabeths Wahl eines mittelmäßig begabten Studenten russischer Sprache und Literatur als das herausgestellt hatte, was allgemein erwartet worden war: als Fiasko. Gegen große Widerstände hatte sie Jürgen Schröder in einer Zeit geheiratet, in der sie, damals noch Jurastudentin, gegen Formen, Pflichten und Dunkel der von Hagens aufbegehrte und ein sogenanntes eigenes Leben leben wollte. Die Zeit verging, und nach Hochzeit und Studium – und mit Eintritt in eine Welt ohne Vorlesungsräume und Kantinen, dafür mit Büros in stuckverzierten Altbauten und Abendgesellschaften auf Penthouse-Terrassen – besann sie sich auf ihre Herkunft und lernte den damit verbundenen Status zu schätzen. Was blieb, war ein für ihren neuen Bekanntenkreis völlig unpassender Ehemann.

»Heute Abend kommt mein Bruder zum Essen.« Elisabeths Blick blieb ausdruckslos auf ihren Mann gerichtet, während sie Zucker in ihren Kaffee rührte und die Tasse zum Mund hob.

»Ach so«, sagte Jürgen und verbesserte sich im selben Moment. »Ich meine: Soso«, denn dass ihr Bruder zum Essen kommen würde, war ja keine Antwort auf irgendeine Frage, die er sich gestellt hatte. In den Jahren mit Elisabeth hatte Jürgen gelernt, oder lernen müssen, seine Worte genau zu wählen. Selbst bei kleinen Verfehlungen wurde er von ihr zurechtgewiesen wie ein Schuljunge.

»Ich wollte heute ohnehin länger arbeiten.« Jürgen versuchte ein versöhnliches Lächeln. Das Elisabeths Bruder zum Essen kam, hieß, dass Jürgen zu verschwinden hatte.

Für den Bruder, einen reichen Immobilienmakler und braun gebrannten High-Society-Playboy, war Jürgen nicht viel mehr als irgendein Ungeziefer, und wie manche Kinder Spaß daran haben, Fliegen die Flügel auszureißen, genoss er es, Jürgen im Beisein Elisabeths zu quälen (und quälte damit natürlich noch viel mehr seine Schwester). Er erkundigte sich nach dem Befinden »unseres kleinen Erbschleichers«, dachte laut darüber nach, ob die Kenntnis russischer Sprache und Literatur eine Familie ernähren könne, und fragte in Anspielung auf Jürgens hübsches, etwas blasses Äußeres, wie es denn überhaupt mit der Familienplanung stehe, ob Jürgens Kraft für Nachwuchs nicht reiche, oder ob Frauen ihm womöglich nur das zweitliebste Geschlecht seien?

Elisabeth zündete sich eine Zigarette an, blies den Rauch aus und sah ihm nach, wie er zum Fenster zog.

»Warum bist du nur so eine Flasche!«

Jürgen sah erschrocken auf. Normalerweise beließ Elisabeth es bei Anspielungen oder vielsagender Stille, so direkt attackierte sie ihn selten, schon gar nicht beim Frühstück.

Das Frühstück, hatte sie ihm gleich am Anfang ihrer Beziehung gesagt, sei ihr als Moment der Ruhe und Vorbereitung auf den Tag heilig, und solange man am Tisch säße, bestehe sie auf der Illusion, die Welt sei nach acht Stunden Schlaf wieder in Ordnung.

»Aber Elisabeth …! So war es doch verabredet. Du selbst hast gesagt, wenn dein Bruder kommt, soll ich …«

»Ja, ja!«, unterbrach sie ihn, ohne vom Fenster wegzusehen.

Die Sonne schien, und es versprach ein warmer Frühlingstag zu werden. An der Universität war Jürgen ihr aufgefallen, weil er aussah wie Montgomery Clift, und als sie ihn kennenlernte, hatte sein Werdegang vom Sohn eines Dorfmetzgers zum belesenen Studenten in einer großem Stadt sie fasziniert – das man von einer sozialen Schicht zur anderen auf- oder absteigen konnte, war ihr damals noch ziemlich ungewöhnlich vorgekommen. Außerdem hatte der Gedanke, mit einem Metzgersohn im Bett zu liegen, für Elisabeth seine Reize gehabt, so wie Jürgen, auch wenn er es vor sich selber leugnete, nie nur mit der Frau, die er liebte, geschlafen hatte, sondern immer auch mit einer von Hagen.

Jürgen starrte auf den Teller vor sich. Nach einer Weile hob er den Kopf und fragte: »Warum fahren wir nicht mal wieder ein paar Tage nach Prag, so wie früher?«

Elisabeth reagierte nicht.

»Um miteinander zu sprechen. In Ruhe. Uns wieder kennenzulernen. Zwischen Arbeit und anderen Verpflichtungen bekommen wir doch gar nichts mehr voneinander mit.« Er sah sie erwartungsvoll an. Schließlich überwand er sich zu Sätzen, die er sich in der Stille der letzten Monate oft zurechtgelegt hatte: »Nach außen wirke ich vielleicht wie ein Feigling, der nichts auf die Beine kriegt, aber was weißt du von meinen Gedanken, Gefühlen, Träumen? Und sind die nicht wichtiger als die Frage, ob ich nun bald meinen Abschluss an der Universität mache, oder als mein Verhalten gegenüber deinem Großkotz von Bruder? Natürlich könnte ich darauf bestehen, mit euch am Tisch zu sitzen, und uns allen einen unangenehmen Abend bereiten, aber wozu? Der Mensch besteht doch aus mehr als einer öffentlich handelnden Hülle. Das darin verborgene Innere macht ihn ja erst zum Menschen. Aber um dieses Innere beim anderen zu sehen und zu verstehen, mus man sich Zeit nehmen.«

Während Jürgens Rede hatte Elisabeth sich nur bewegt,

um die Zigarette in den Aschenbecher zu drücken. Sie sah nach wie vor zum Fenster hinaus, und nichts ließ darauf schließen, dass sie ihm zugehört hatte.

Behutsam rückte Jürgen seinen Stuhl vom Tisch ab und stand auf.

»Überleg es wenigstens. Von mir aus könnten wir schon nächstes Wochenende fahren.« Einen Moment blieb er unschlüssig stehen, dann fügte er lächelnd hinzu: »Wenn wir rechtzeitig anrufen, bekommen wir vielleicht wieder unser Zimmer mit Blick auf die Brücke. Weißt du noch? Unser Schwalbennest.«

Auf dem Weg zur Universität machte Jürgen bei der Bank halt. Er hatte sein eigenes Konto mit seinen eigenen plus minus fünfhundert Mark drauf. Zwar bezahlte Elisabeth das gemeinsame Essen, das gemeinsame Auto und die Miete für die Wohnung, aber für Stifte und Kantinenkaffee kam er selber auf. Das bewahrte ihm ein Gefühl von Unabhängigkeit.

Musste er Elisabeth trotzdem um Geld bitten, bestand er darauf, es zu *leihen.*

Während er in der Schlange am Schalter wartete, stellte er sich vor, wie er mit Elisabeth Arm in Arm durch die Prager Altstadt spazieren ginge, wie sie auf Parkbänken saßen, wieder miteinander redeten und lachten, und wie er ihr abends im Restaurant eröffnen würde, das sein Studium sich nur deshalb so hinzöge, weil er nebenbei einen Roman schreibe.

Seit drei Jahren arbeitete er daran, ohne jemandem davon zu erzählen. Erst nur als Überraschung, ähnlich einem selbstkomponierten Geburtstagslied, für Elisabeth und einige Freunde gedacht, war der Roman mehr und mehr zu Jürgens Lebensinhalt geworden. Inzwischen war er überzeugt, dass er damit nicht nur ein rauschendes Comeback als Elisabeths Mann und Mentor feiern, sondern sich darüber hinaus einen Namen in der Literaturwelt machen würde.

›Einen Roman!‹, würde Elisabeth ausrufen, wie damals, als er ihr gesagt hatte, er habe während seines Studienaufenthalts in Moskau in einer Rock-’n’-Roll-Band gespielt.

›In einer Rock-’n’-Roll-Band?! In Moskau?! Ist ja toll!‹

Zu der Zeit hatte Elisabeth noch flache Schuhe, Kniestrümpfe und karierte Röcke getragen und damit in der Kantine regelmäßig für Gelächter gesorgt. Frisch vom Schweizer Nobelinternat, bewegte sie sich durch die Universität wie ein parfümiertes Schaf. Wurden in ihrem Beisein ein paar Bier getrunken, runzelte sie die Stirn, als habe sie es mit Drogenabhängigen zu tun, und zum Trampen sagte sie Autostopp mit einem Gesichtsausdruck, als sei das eine merkwürdige sexuelle Neigung.

Jürgen, mit dem Rucksack weit gereist und mit der Erfahrung jedes jungen Menschen, der mit wenig Geld auskommen muss, war sich ihr gegenüber vorgekommen wie ein Messias des wirklichen Lebens. Schlechtbezahlte Jobs, billige Unterkünfte, Wohngemeinschaftsfraß – in Elisabeths Gegenwart verwandelte sich sein Alltag in eine Art schmutzige Heldensaga. Natürlich nur gerade so schmutzig, dass Elisabeth nicht davonrannte. Jürgen trank und rauchte nicht, saß die meiste Zeit über Büchern oder übte Gitarre und war früher am Wochenende am liebsten zum Wandern aufs Land gefahren.

Ja, früher! Wie sehr hatte Elisabeth seine bescheidene Lebensführung bewundert! Sein Desinteresse an allem Materiellen, seine Suche nach Echtheit und Wahrheit bei den Menschen, seine Ablehnung jeder Oberflächlichkeit! Und heute? »Flasche!« Was war geschehen?

Die Tür zur Straße ging auf, und Jürgen registrierte ein seltsames Männchen mit Perücke.

»Bitte!«, sagte die Frau hinterm Schalter. Jürgen trat vor und schob sein Auszahlungsformular über den Tresen.

»Wie hätten Sie's gerne?«

»In Fünfzigern, bitte.«

… Damals hatte Elisabeth sein Sein geliebt, heute verlangte sie einen äußeren Schein, wie ihn ihre Anwaltsfreunde pflegten. Dabei musste sie doch wissen, das gerade er das Scheinen, welcher Art auch immer, zutiefst ablehnte! Er war er! Oder versuchte wenigstens, es zu sein.

Gedämpftes Licht, eine Flasche Wein, ihre Hände, die sich berühren. *Es ist nämlich so: Eigentlich schreibe ich einen Roman. Ich bin fast fertig. – Einen Roman?! Warum hast du mir das nie erzählt?!* Später, im Hotelzimmer, würde er ihr das Manuskript geben, und sie würde die ganze Nacht lesen, und …

»Bitte.« Die Frau hinterm Schalter legte ihm das Geld hin.

… und am Morgen wurde er aufwachen, und Elisabeth säße am Fenster in der Sonne und …

Plötzlich tönte es hinter Jürgens Rücken: »Hände hoch und keine Bewegung!«

Wie alle anderen im Raum hielt er irritiert inne. Langsam wandte er den Kopf. Das seltsame Männchen, das eben hereingekommen war, stand neben der Tür und hielt eine Pistole in die Runde.

»Alle auf den Boden!«, befahl es, doch die meisten waren über sein Aussehen zu verdutzt, um sofort zu gehorchen.

Was sich da vor ihnen als Bankräuber gebärdete, trug einen braun glitzernden Anzug mit seidenem Einstecktüchlein, spitze Lacklederschuhe mit goldenen Schnallen, eine breite, gelbrosa gemusterte Krawatte – und die Sonnenbräune im Gesicht kam offensichtlich aus der Tube. Die Augen waren hinter einer riesigen Sonnenbrille verborgen, wie sie Filmstars in den Siebzigern getragen hatten, und die rotbraunen Locken der Perücke hingen bis auf die Schultern.

Das Männchen wiederholte schreiend: »Runter, aber dalli!« und stieß mit der Pistole vor sich in die Luft. Immer noch schauten einige ungläubig, doch schließlich ging auch der letzte zu Boden.

Das Männchen stieg über Beine hinweg zum Schalter und schob der Frau dahinter eine Tasche zu.

»Tut mir leid«, sagte die Frau, um eine ruhige Stimme bemüht, »aber wir kommen an größere Barbeträge nicht ran, da ist ein Zeitschloss davor.« Und fast flehend fügte sie hinzu: »Das müssen Sie doch wissen!«

»Zeitschloss?« Das Männchen runzelte die Stirn. »Was ist das?«

»Ein Mechanismus, der verhindert, das mehr als so und so viel Geld während einer Stunde ausgezahlt werden kann.«

»Und wie viel kann ausgezahlt werden?«

Doch ehe die Frau zu einer Antwort kam, wurden Polizeisirenen laut, und kurz darauf quietschten Autoreifen auf der Straße.

»Dumme Fotze!«, zischte das Männchen, und hatten eben noch manche der am Boden Liegenden fast Mitleid mit dem naiven Bankräuber gehabt, machte sich jetzt schlagartig Angst vor seiner möglichen Panik breit.

Die Frau hinterm Schalter hob abwehrend die Arme.

»Ich habe den Knopf nicht gedrückt!« Tatsächlich hatte einer ihrer Kollegen den Alarm ausgelöst.

Das Männchen sah sich hastig um, bückte sich dann über Jürgen, den Jüngsten im Raum, und hielt ihm die Pistole an den Kopf.

»Du kannst sicher nicht Auto fahren, oder?«

In der instinktiven Annahme, damit als Geisel nicht in Frage zu kommen, antwortete Jürgen: »Doch!«

Das Männchen schnaubte gehässig. »Dann bist du mein Typ, Trottel!«

Die Verhandlungen mit der Polizei zogen sich bis zum Abend hin. Nach und nach ließ das Männchen sämtliche Bankangestellten und Kunden bis auf Jürgen frei. Als Gegenleistung wurden Essen, Getränke und Zigaretten in die Bank gebracht, und vor die Tür stellte man einen vollgetankten Mercedes. Bisher unerfüllt blieb die Forderung nach einer halben Million im Kofferraum.

Jürgens Füße waren mit Handschellen an ein im Boden verankertes Tischbein gefesselt. Der Rücken tat ihm weh, und immer wieder rutschte er auf der Suche nach einer bequemeren Position auf seinem Stuhl hin und her. Zum zigsten Mal hörte er das Männchen ins Telefon sagen: »Ohne das Geld fahre ich nicht! Und wenn ich noch lange warten muss, knall ich ihn ab und mich auch, mir ist das scheißegal!«

Schon seit einer Weile hatte das Männchen die Brille abgelegt, und unter der verrutschten Perücke schauten kräftige schwarze Haare hervor. In regelmäßigen Abständen zog es eine kleine Dose aus der Tasche und schluckte Pillen.

Vor Angst und daraus entstehender Atemnot hatte Jürgen die ersten Stunden nach Eintreffen der Polizei keinen klaren Gedanken fassen können. Seine ganze Konzentration galt dem gleichmäßigen Füllen der Lungen mit Luft, und alles um ihn herum geschah wie hinter verschwommenen Scheiben. Anschließend, als die Gefahr, in Ohnmacht zu fallen, gebannt schien, quälte er sich mit Vorwürfen, auf die Frage, ob er Auto fahren könne, so idiotisch geantwortet zu haben. Gleichzeitig spukten ihm Zeitungsartikel und Fernsehberichte über durchdrehende Geiselnehmer durch den Kopf. Seit seiner Jugend beschäftigten und bedrängten ihn Gedanken an den Tod, doch hatten sie sich im Grunde immer um ein großes und fernes Ereignis gedreht, das zwar unausweichlich auf ihn zukam, aber im täglichen Weitermachen unwirklich blieb. Zum ersten Mal hatte man eine Pistole auf ihn gerichtet, und das ›große Ereignis‹ war so schnell und banal vor ihm aufgetaucht wie ein Nachbar im Treppenhaus. Erst als es draußen schon dämmerte, gelang es ihm, die Angst hin und wieder zu verdrängen. Er suchte nach Fluchtmöglichkeiten, verfolgte die Verhandlungen mit der Polizei und beobachtete das Männchen. Schon seit einer Weile war ihm klar, dass sich hinter der Verkleidung vom lächerlichen Alten ein junger Mensch verbarg. Die Bewegungen des Bankräubers waren kraftvoll und gelenkig, und dort, wo die Schminke im Gesicht zerlief, kam faltenlose Haut mit Teenager-Akne zum Vorschein.

Der Bankräuber knallte den Hörer auf die Gabel. »Arschlöcher!«

Jürgen wandte schnell den Blick ab. Der Bankräuber schluckte erneut Pillen, dann ging er zum Schaltertresen, wo Kartons mit Sandwiches, Schokolade, Fruchtsaften, Filterzigaretten und Champagner standen. Er nahm eine Flasche Moet & Chandon, drehte den Drahtverschluss auf, zielte und ließ den Korken gegen eine Luftaufnahme der Dresdner Oper knallen. Mit der Flasche und zwei Pappbechern setzte er sich zu Jürgen an den Tisch.

»Wie geht's denn so?«, fragte er, während er die Becher vollschenkte.

Jürgen sah auf. Was sollte er darauf antworten?

»Mach dir keine Sorgen, noch ist alles möglich!«

›Beruhigend‹, dachte Jürgen. Dann hob der Bankräuber einen Becher und wollte offenbar mit ihm anstoßen. Das war doch wohl nicht sein Ernst?! Und auf einmal verwandelten sich Jürgens Angst und Verzweiflung der letzten Stunden in wütenden Hass. Was fiel diesem albernen Schwein ein?! Warum tat er so unbekümmert und redete, als säßen sie in der Kneipe?! Und warum guckte er ihn so komisch an?! Aus großen, grünen, wimpernverhangenen Augen! Ja, diese Augen! Schon ein paarmal, seit der Bankräuber die Sonnenbrille abgenommen hatte, war es Jürgen durch den Kopf gegangen, wie unpassend so schöne Augen in der Fresse eines kaltblütigen Geiselnehmers waren. Und jetzt schauten diese Augen – Jürgen fasste es nicht – auch noch freundlich, fast unsicher …?! Sollte er denn für völlig dumm verkauft werden?!

Gerade wollte Jürgen dem Impuls nachgeben, den ihm zugeschobenen Becher wegzuschlagen und irgendwas zu brüllen, als er plötzlich innehielt … Ja, die Augen schauten unsicher. Und vom Haaransatz perlte Schweiß über die geschminkte Stirn.

»Na los!«, forderte ihn der Bankräuber auf. Seine Stimme war hoch, fast wie die eines Mädchens. Und hinter der rotzigen Art verbarg sich … Jürgen stutzte. War das möglich …? Aber natürlich! Jetzt sah er es ganz deutlich.

Langsam griff Jürgen nach seinem Becher und stieß mit dem Bankräuber an.

»Was glotzt 'n so?«

Jürgen überlegte: War es für ihn besser, wenn sein Gegenüber weiterhin glaubte, er habe dessen Verkleidung nicht durchschaut, oder wurde die Wahrheit irgendeine Beziehung zwischen ihnen schaffen, die einen Mord nicht mehr zuließe? Er sah nach der Pistole. Sie steckte im Gürtel.

»Hör mal, bis die sich dazu durchringen, mein Geld in die Karre zu schmeißen, werden wir hier noch 'ne Weile miteinander sitzen. Und wenn wir dabei was quatschen konnten, würd's die Sache nicht langweiliger machen.«

»Ihr Geld?«, entfuhr es Jürgen.

»Na, deins vielleicht?«

Jürgen seufzte lautlos. Seine Entdeckung hatte ihm so viel Auftrieb gegeben, und die flapsige Antwort ärgerte ihn so sehr, dass er, ohne weiter darüber nachzudenken, sagte: »Geld von Steuerzahlern. Und Steuerzahlerinnen!«, fügte er hinzu und fixierte die grünen Augen. »Wozu Sie gehören wurden, falls Sie arbeiten gingen!« Er kam sich klug vor.

Für einen Moment war nur das Summen der Deckenlampen zu hören. Die Augen der Bankräuberin wurden schmal.

»*Wozu* würde ich gehören?«, kam es fast flüsternd.

»Zu den Steuerzahlerinnen!«, wiederholte Jürgen triumphierend, als gäbe es weder Handschellen und Pistole noch Geiselnahme.

»Ach was!«, rief die Bankräuberin, sprang auf, zog die Pistole, beugte sich über den Tisch und drückte Jürgen den Lauf auf die Stirn. In ihren Augen war nichts mehr von Unsicherheit oder Wärme. »Und was macht das für 'n Unterschied?! Ist das 'n Grund, sich auf einmal die Eier zu kraulen?! Das Ding schießt auch mit meinem Zeigefinger!«

Vor Schreck machte sich Jürgen in die Hose.

»Was heißt das, Sie können um diese Uhrzeit nicht so viel Bargeld auftreiben?! So 'n Schwachsinn! … Ja, Hunderter und Fünfziger, na und? … Wieso schwierig? … Hören Sie, lange mache ich das nicht mehr mit! Und das wird 'ne sauschlechte Presse für Sie geben, weil der Typ, den ich hier habe, nämlich 'n Hübscher ist, und 'n Kluger und Tapferer, wo alle Welt sagen wird: Ach Gott, warum ausgerechnet der! Und nur wegen 'ner läppischen halben Million! … Hören Sie auf! Hab Ihnen schon mal gesagt, ich bin mir wurscht! Wenn's ginge, würd ich mich zweimal abknallen! Für mich ist das hier nur so 'ne Art letzte Party, bei der sich entscheidet, ob ich die ganze Scheiße noch länger ertragen kann oder nicht! … Ob ich über meine Probleme mal mit jemandem geredet hatte?! Bulle, du hast 'n Rad ab! ... Wenn Sie mir helfen wollen, dann treiben Sie das Geld auf, und zwar fix! Ich fang jetzt nämlich an, mich zu besaufen, und wenn ich merke, dass ich einschlafe, mach ich Schluss. ... Zwei Stunden? Wenn's dabei bleibt, okay. Ich vertrag was. Aber wenn Sie in zwei Stunden noch mal anrufen und mit Geschwätz kommen, knallt's!«

Die Bankräuberin legte auf und wandte sich zu Jürgen, der in seinem Urin sas und vor sich auf den Boden starrte.

»Haste gehört? Tapfer biste!«

Sie hatte die Perücke abgelegt und die Schminke weggewischt.

Aus ihrem übermüdeten, graublassen Gesicht leuchteten Akne und blutverkrustete Schrammen. Doch unter der zerstörten Oberfläche war ihr Gesicht weich, mit Resten von Babyspeck, und selbst wenn sie die Gangsterin mimte, und dann um so offensichtlicher, behielt sie den Blick eines Kindes: neugierig, unschuldig, frech, traurig.

Nahm man nur ihre Augen und ihr seltenes Lächeln, war sie beinahe schön. Sie konnte kaum älter als achtzehn sein.

Sie schenkte sich Champagner nach, riss eine Packung Zigaretten auf, steckte sich eine an und setzte sich vor Jürgen auf die Tischkante. »Mann, stinkst du!«

Jürgen hob den Kopf. Er hatte geweint und sah erbärmlich aus. »Wenn ich kurz zum Waschbecken durfte ...«

»Um dann auf mich loszugehen? So dämlich wärst du doch!«

»Bestimmt nicht! Ich schwöre Ihnen, ich ... Ich werde Sie ab jetzt unterstützen. Ich meine, ich kann wirklich gut

Auto fahren, und wenn Ihr Geld da ist, bringe ich Sie, wohin Sie wollen.« Er brach ab, zögerte. »... Aber vorher ... So kann ich doch nicht rumlaufen ...«

Die Bankräuberin betrachtete ihn nachdenklich. Dann leerte sie den Becher in einem Zug, warf ihn hinter sich, sprang vom Tisch, trat die Zigarette aus, zog die Pistole und schloss Jürgens Handschellen auf. In der Personaltoilette lehnte sie sich gegen die Tur und sah Jürgen beim Ausziehen zu.

»Süßen Arsch haste.«

»Ähm ... danke.«

Jürgen wusste nicht, was stärker war: die Angst oder die Peinlichkeit. Halbnackt stand er am Waschbecken und spülte seine Hose aus.

»Hast du 'ne Freundin?«

»Ja – das heißt ... nicht wirklich. Ich bin verheiratet ...«

»Aber?«

»Was, aber?«

»Klang so nach Aber.«

»So ...«

Jürgen drehte das Wasser ab und wrang die Hose aus. Das hatte gerade noch gefehlt: dass er sich mit diesem durchgedrehten Kind über seine Eheprobleme unterhielt! Andererseits spürte er, wie beim Reden, egal, über was, die Situation für ihn an Bedrohung verlor.

Als Jürgen die nasse Hose anziehen wollte, sagte die Bankräuberin: »Bist du verrückt? Willste krank werden?«

Kurz darauf saß Jürgen wieder an das Tischbein gefesselt, während die Hose auf der Heizung trocknete. Um seine Hüften hatte er ein Handtuch gebunden.

Die Bankräuberin schluckte Pillen und linste durch einen Rollladenspalt hinaus auf die Straße. Immer noch kreisten Blaulichter, Neugierige standen hinter der Absperrung, Polizisten lehnten gegen Autos und rauchten.

Die Bankräuberin hatte das Jackett ausgezogen, und Jürgen versuchte, durch ihr zerknittertes Herrenhemd die Form ihres Busens zu erahnen. Ihr Körper war klein und kräftig, wie das Gesicht mit Resten von Babyspeck. Jürgen dachte an das Zwinkern und das kecke »Schade eigentlich«, mit dem sie ihm das Handtuch zugeworfen hatte. Inzwischen war er überzeugt, dass sie eins der Straßenkinder war, die am Bahnhof rumlungerten, Schnaps soffen und bettelten.

Ob sie auf den Strich ging? Die Pillen, die sie dauernd schluckte, waren jedenfalls sicher nicht gegen Husten und bestimmt nicht billig.

Jürgen zupfte sein Handtuch gerade.

»Darf ich Sie etwas fragen?«

Die Bankräuberin nickte, ohne den Blick von der Straße zu nehmen. »Klar.«

»Sie sind noch sehr jung …«, begann er, hielt aber sofort inne und suchte nach Worten, die ihren Altersunterschied weniger deutlich machten.

»War das die Frage?«

»Ich meine, in deinem Alter macht man doch noch keine Banküberfälle.« Er kam sich wie achtzig vor. Wenigstens hatte er sie geduzt.

»Gibt's da 'ne Begrenzung? Banküberfälle erst ab dreißig?« Spöttisch lächelnd wandte sie sich ihm zu. »Um die Kohle erst zu haben, wenn man eh bald in Rente geht?«

»Mit dreißig geht man doch nicht in Rente!«

Jürgen schaute die Bankräuberin irritiert an. Warum lachte sie? Hatte er empört geklungen? Wegen der Dreißig?

»Die ganze Fragestellung ist doch idiotisch. Natürlich macht man Banküberfälle in gar keinem Alter, aber wenn, dann doch wenigstens nicht so früh, dass man sich sein Leben schon versaut, ehe es richtig angefangen hat.«

Die Bankräuberin legte die Hände ineinander, beugte den Kopf vor und lächelte wie eine Fernsehshowmasterin, die von einem Kandidaten die Antwort auf die Preisfrage erwartet. »Wann fangt ein Leben denn richtig an?«

Fordernd und ironisch sah sie Jürgen in die Augen. Er wich ihrem Blick aus, tat, als fehlten ihm gegenüber so viel Naivität die Worte. Tatsächlich spurte er, dass er das Gespräch nicht in den Griff bekam. Er wollte nicht den belehrenden Alten abgeben, sondern den helfenden Kumpel. Sie sollte ihn nicht als Fremden sehen. Dabei verwirrte ihn, wie wenig Hass sie in sich zu tragen schien. Eine von der Welt enttäuschte, rebellierende Jugendliche hatte er verstehen können, doch wie näherte man sich einer Achtzehnjährigen, die so tat, als sei ihr bis aufs Geld alles egal, und ihn behandelte wie eine nette, aber – abgesehen von seiner Rolle als Geisel – unbedeutende Parkbank-Bekanntschaft? … Naja, vielleicht nicht ganz so unbedeutend.

»Weiß ich auch nicht genau«, sagte Jürgen. »Aber ich denke, es hängt damit zusammen, wieviel man gesehen und begriffen hat, um auswählen zu können, was man will und was nicht.«

Die Bankräuberin zuckte verächtlich die Schultern. »Und was siehste mit fünf Mark in der Tasche? Und was begreifste, wenn du Mülleimer nach Pfandflaschen durchsuchst?«

Beinahe wäre Jürgen damit rausgeplatzt, dass auch er nur Metzgersohn sei und sich alles habe erkämpfen müssen, doch eine Art Schamgefühl hielt ihn davon ab, mit einem Straßenkind um die schlechtere Herkunft zu buhlen. Nebenbei huschte ihm der Gedanke durch den Kopf, seine Heirat mit Elisabeth sei in diesem Zusammenhang einem Banküberfall vielleicht nicht ganz unähnlich.

»Glaubst du denn wirklich, mit dem Überfall durchzukommen? Wenn nämlich nicht, sind fünf Mark und die Möglichkeit, frei herumzulaufen, vergleichsweise herrlich.«

»Herrlich!« Die Bankräuberin lachte auf. »Na, von mir aus. Aber so herrlich hatt ich's nun schon 'ne Weile, und wie gesagt: Wenn ich das Geld nicht kriege, isses vorbei mit ›vergleichsweise‹.«

»Das ist doch nicht dein Ernst!« Jürgen setzte sich, so gut das mit einem Handtuch um die Hüften und gefesselten Füßen ging, im Stuhl auf und sagte beschwörend: »So wie du redest und lachst, wie dir der Champagner schmeckt, und bei der Mühe, die du dir mit deiner Verkleidung gegeben hast! So verhält sich doch keiner, der sterben will!«

Die Bankräuberin sah ihn einen Moment überrascht an, dann bewegte sie den Kopf, als verscheuche sie irgendwelche Gedanken, und plötzlich grinste sie. »Nicht schlecht, die Verkleidung, hm? Hab ich 'ner alten Schwuchtel geklaut, die hinter Benny her gewesen war.«

Jürgen wartete, ob sie noch mehr sagen würde, doch die Bankräuberin wandte sich ab, ging zum Schaltertresen und riss eine neue Packung Zigaretten auf. Von jeder Packung rauchte sie höchstens zwei oder drei, und im ganzen Schalterraum verteilt lagen offene, fast volle Winston-Schachteln.

Nach einer Weile fragte Jürgen: »Wer ist Benny?«, und hoffte, wenn er jetzt behutsam genug vorginge, die gleichgültige Fassade des Mädchens zum Bröckeln zu bringen.

Doch es antwortete nicht. Jürgen sah auf den ihm zugewandten Hinterkopf und den darüber schwebenden Rauch.

War die Schwuchtel hinter Benny *her gewesen,* weil sie es jetzt nicht mehr war, oder weil Benny nicht mehr war? Ihre große Liebe? Vielleicht ging es ihr gar nicht ums Geld, sondern ums Sterben ...?

Jürgen nahm einen Schluck aus dem Pappbecher, dann noch einen, trank ihn leer und schenkte sich nach. Plötzlich ertappte er sich bei der Vorstellung, wie er, anstatt mit Elisabeth, mit der Bankräuberin im Prager Hotelbett läge.

Verwirrt stieß er den Becher um, und Champagner lief über seine Beine.

»Weißt du, was 'ne gute Geiselnahme wär?«

Jürgen sah von dem Versuch auf, sich mit dem Handtuch die klebrige Flüssigkeit abzuwischen, ohne seinen Hintern zu entblößen.

»Nein. Was?«

Die Bankräuberin drehte sich um. »Wenn die Geisel mitmachen würde. Wenn sie auch weg wollte. Kapiert? Dann müsste der Geiselnehmer nicht mehr auf sie aufpassen, und sie wärn zu zweit. Die Polizei würde weiter glauben, es war 'ne richtige Geiselnahme, und beide gehn lassen. Das Geld würden sie sich natürlich teilen.«

Jürgen brauchte einen Augenblick, um zu begreifen, dann starrte er sie entgeistert an. Wollte sie ihn auf den Arm nehmen?

Oder hatte er es tatsächlich geschafft, ihr Vertrauen zu gewinnen? Und was dann? Um Himmels willen! Jetzt lächelte sie. Jürgen war es nicht gewohnt zu trinken, und der Champagner schoss ihm geradewegs ins Hirn. Unter dem Blick der Bankräuberin wurde er rot. Schnell sah er zu Boden.

Er räusperte sich. Mit belegter Stimme fragte er: »Wohin willst du eigentlich?«

»Irgendwohin, wo die Sonne scheint.« Dann betrachtete sie ihn einen Moment nachdenklich, bis sie listig ein Auge zukniff. »Du denkst, du kannst mir hier was vormachen, hm?«

Jürgen sah auf und schüttelte den Kopf. »Nein, wirklich nicht! Es ist nur so … verwirrend.«

Sie saßen sich am Tisch gegenüber, zwischen ihnen leere Champagnerflaschen und unzählige angebrochene Winston-Schachteln. Bis zum mit der Polizei vereinbarten endgültigen Übergabetermin für die halbe Million war es noch eine Stunde hin.

Die Bankräuberin hatte, auf dem Stuhl nach hinten kippelnd, die Hände hinterm Kopf gefaltet, ihre Augen waren glasig und blutunterlaufen. Sie war seit über achtundvierzig Stunden auf den Beinen, und als sie gespürt hatte, dass Jürgen, auf welche verquere Art auch immer, irgendwas an ihr fand und ihr auf der Flucht wahrscheinlich keine Schwierigkeiten machen wurde, war die Anspannung von ihr gewichen, und sie war in einen Zustand der Erschöpfung gefallen, aus dem sie weder Champagner noch Pillen mehr herausholen konnten.

Dagegen befand sich Jürgen in hellwachem Rausch: Gedanken und Fragen stürmten auf ihn ein, und vor seinen Augen entstanden verschwommene Bilder von Gluck und Abenteuer. Noch hatte er sich nichts zuschulden kommen lassen, aber … Und wenn er wirklich mitginge? Solange sie ihn mit der Pistole bedrohte, blieb ihm sowieso nichts anderes übrig, doch was würde er tun, wenn sie ihn einen Moment außer Acht ließe? War er durch die in den letzten Stunden erfahrene Erniedrigung und Angst einfach nur verrückt geworden, oder hatte das Mädchen durch sein Alles-auf-eine-Karte-Setzen und Durch-die-Wand-Rennen etwas in ihm berührt, das er schon für immer verschüttet geglaubt hatte? Die Kühnheit, mit der er dem Vater das Metzgerei-Erbe hingeschmissen hatte, die Wut, mit der er aus dem Elternhaus geflohen und ohne einen Pfennig in die große Stadt getrampt war, der Mut, der ihn in Moskau auch als kontaktarmen Stubenhocker und Rhythmusgitarristen einer drittklassigen Wochenendband nie verlassen hatte …

Nein, ein Waschlappen, der wegen der Laune einer Frau jeden Morgen um acht Uhr zum Frühstück antrat, war er früher wirklich nicht gewesen! Sollte seine Verwicklung in den Banküberfall ein Wink des Schicksals sein? Hatte er auf so was vielleicht nur gewartet? Und strahlten Augen und Lächeln der Bankräuberin nicht mehr Leben aus als alles, was er in den letzten Jahren gesehen hatte …?

»Erzähl mir von deiner Frau.«

Jürgen sah auf. »Da gibt's nicht viel zu erzählen.« Er

schenkte sich nach. Seine Wangen glühten. Der Champagner schmeckte ihm immer besser. »Sie arbeitet als Anwältin, und wir sehen uns kaum. Und wenn, haben wir uns nichts zu sagen.«

War die Bankräuberin schön? Jürgen lächelte in sich hinein. Ging es denn um Schönheit?

»Und du?«, fragte die Bankräuberin, bemüht, das Gespräch und ihren Kreislauf in Gang zu halten.

»Was, ich?«

»Was du machst.«

Er zögerte. »Ich studiere.« Dann holte er tief Luft und verkündete: »Aber eigentlich schreibe ich einen Roman.«

»Einen Roman?« Die Bankräuberin horchte auf, und für einen Moment wurden ihre Augen beinahe klar. »Ist ja toll!«

Jürgen stutzte, dann überlief ihn eine Gänsehaut.

»Ich hab früher auch geschrieben, aber nur kurze Sachen, 'ne Art Tagebuch. Und gelesen hab ich wie verrückt … Naja, bis ich von zu Hause weg bin. Bücher sind ja ganz schön teuer. Und um was geht's?«

Jürgen hatte am liebsten laut losgelacht. Da quälte er sich gerade noch mit Todesangsten, und nun saß er mit der Bankräuberin beim Champagner, mochte sich in ihren grünen Augen verlieren und wurde zum ersten Mal über seinen Roman sprechen. Den Roman, den er für Elisabeth geschrieben hatte … Innerlich feixend dachte er: Sollte sie sich doch von ihren Anwaltsfreunden irgendwelche Gesetzesentwurfe vorlesen lassen!

Die Heiterkeit, die Jürgen plötzlich ausstrahlte, ließ die Bankräuberin stutzen. Sie kippte mit dem Stuhl nach vorne, beugte sich ihm entgegen und fragte: »Ist das so lustig, dass so jemand wie ich Bücher gelesen hat?!«

Jürgen erschrak über ihren eisigen Ton. Hastig sagte er: »Nein! Gar nicht! Es ist nur … Ich habe noch niemandem von dem Roman erzählt, und ausgerechnet jetzt, in dieser Situation …«

Einen Moment sahen sie sich wortlos an, dann nahm sich die Bankräuberin eine Zigarette, rutschte im Stuhl zurück und sagte: »Ich wette, ich hab damals mehr gelesen als du. Ich war richtig süchtig danach. Egal, was, und wenn's die Ruckseite von 'ner Cornflakes-Schachtel war. Auch in der Schule hab ich immer gelesen, unter der Bank und auf'm Hof. Bis sie mir die Bücher irgendwann weggenommen haben.«

»Wer?«

»Meine Eltern, die Lehrer, wer auch immer. Ich sag doch, ich war süchtig. Hab nichts anderes mehr mitgekriegt. Am liebsten mochte ich Märchen oder was Lustiges.«

»Tja.« Jürgen hob lächelnd die Schultern. »Was ich schreibe, ist leider weder lustig noch ein Märchen.«

»Warum leider?«

»Was, warum?«

»Na, haste dir doch ausgesucht, was du schreibst.«

»Ach so. Ich meinte … leider für jemanden wie dich – als Leserin. Außerdem …« Jürgen nahm einen Schluck Champagner.

Er selbst hatte nicht sagen können, ob er die Bankräuberin in diesem Gespräch wirklich ernst nahm oder es nur wollte. Aber er wollte unbedingt! Sein Leben, der Roman, die Liebe, seine Zukunft – große Themen standen auf einmal im Raum, und Zweifel an seinem Gegenüber passten da nicht. »… was und wie ich schreibe, suche ich mir nicht wirklich aus.«

»Sondern?«

»Mir fällt einfach eine Geschichte ein – keine Ahnung, warum diese und keine andere –, und dann versuche ich, so gut ich kann, sie auf meine Art zu erzählen.«

Die Bankräuberin wurde ungeduldig. »Um was geht's denn nun in dem Roman?«

»Tja, um was geht's …« Jürgen lachte geziert auf. »So in zwei, drei Sätzen ist das nicht zu sagen …«

Er verstummte. Die Bankräuberin betrachtete ihn, wie er die Lippen einrollte und sich offenbar zu irgendwas durchrang.

Sie wartete, dass er weitersprach, bis sie plötzlich wütend auffuhr: »Dann sag's eben in zehn!« Und die Pistole zog. »Falls du's nicht mitgekriegt hast: Ich bin ziemlich kaputt! Also erzähl mir irgendwas, was mich wach hält!«

Jürgen war zusammengefahren, druckte sich erschrocken in den Stuhl. »Ja sofort!«, und während er zwischen der Waffe und den Augen der Bankräuberin hin und her sah: »Bitte …!«

Die Bankräuberin verharrte einen Moment, die Pistole auf Jürgen gerichtet, bis sie sie verächtlich auf den Tisch fallen ließ und erschöpft in den Stuhl zurücksank. »Also los dann!«

Langsam ließ Jürgen die Schultern sinken und faltete die zitternden Hände im Schoß. So schnell konnte sich alles andern! Er versuchte sich zu konzentrieren.

Zögernd begann er: »Es geht um einen Mann in einem Dorf, der reich geerbt hat und nicht arbeiten muss.«

»Also doch 'n Märchen.« Die Bankräuberin grinste schwach.

»Vielleicht. Ich weiß nicht.« Jürgen suchte verzweifelt den roten, mündlich mitteilbaren Faden im Wirrwarr der verschiedenen Romanebenen und Erzählperspektiven.

Hatte er geahnt, unter welchen Umständen er die Geschichte zum ersten Mal zusammenfassen müsste und was davon abhing … Am liebsten hatte er irgendwas von den Brüdern Grimm erzählt, aber er hatte Angst, die Bankräuberin, so belesen, wie sie zu sein behauptete, konnte es merken und erneut wütend werden.

»… Jedenfalls hackt das ganze Dorf auf ihm rum: Er sei faul und weich und wurde es im Leben zu nichts bringen. Weil er weder Frau noch Kinder hat, vermuten zudem viele, er sei schwul. Alles in allem ist er so was wie der Dorfdepp.

Schon morgens geht es mit dem Briefträger los, der ihm grinsend zuruft, heute sei leider nichts für ihn gekommen, dabei kommt bis auf Rechnungen und Reklame nie etwas für ihn …«

Langsam kam Jürgens Erzählung in Fluss. Ohne die Bankräuberin anzusehen, mit starrem, konzentriertem Blick zum Boden schilderte er Szene für Szene die Demütigungen, die seine Hauptfigur während der ersten sechzig Seiten zu ertragen hatte. Von den Nachbarn, vom Bürgermeister, vom Metzger, von den Kindern auf der Straße. Und von Demütigung zu Demütigung wurde er seiner Sache sicherer. Bald glaubte er sogar, die Ausführlichkeit, mit der er die Handlung ausbreitete und an die er sich am Anfang nur aus Angst geklammert hatte, sei notwendig, um das Ausmaß des folgenden Konflikts begreiflich zu machen. Immer weniger Geisel und immer mehr Schriftsteller, feuerte er sich an: Ich schaff's, dachte er, sie wird die Geschichte spannend finden!

Währenddessen legte die Bankräuberin die Beine auf den Tisch und verschränkte die Arme unterm Busen. Langsam sank ihr Kopf zur Schulter. Sie behielt die Augen offen, aber die Pupillen rutschten weg, und es sah aus, als ob sie schielte.

»Und darum fängt er irgendwann an, jeden Morgen einen Zug zu besteigen, als fahre er zur Arbeit. Abends kommt er zurück und tut in der Dorfwirtschaft zwischen Bauern und Handwerkern so, als sei er wie sie vom Tag erschöpft und wolle vorm Zubettgehen noch zwei, drei Bier trinken. Tatsächlich fängt er erst in der Nacht an, wirklich zu arbeiten …«

Jürgen hielt inne und sah zum ersten Mal, seit er angefangen hatte zu erzählen, zur Seite. Beim Anblick des wie ohnmächtig im Stuhl hangenden Körpers stutzte er, und seine von Eifer und Champagner gerötete Stirn runzelte sich. Er hatte kaum noch Angst, jedenfalls nicht mehr um sein Leben. Die Bankräuberin, von der plötzlichen Stille gestört, ruckte mit dem Kopf herum und murmelte: »Weiter!«

Jürgen nickte. Der Höhepunkt des Romans stand kurz bevor. Laut und mit möglichst eindringlicher Stimme fuhr er fort: »Er schreibt ein Buch über das Dorf und wie schäbig es ihn behandelt, nur weil er nicht in den dorfüblichen Rahmen passt. Selbstverständlich möchte er mit dem Buch berühmt werden, um es allen zu zeigen …«

Jürgen erzählte die Geschichte vom Buch im Buch. Seine Idee sei gewesen, erklärte er, etwas zu schreiben, das so ähnlich wie russische Holzpuppen zum Zusammenstecken funktioniere, die, wenn man sie öffnet, immer wieder die gleichen Puppen enthielten, nur kleiner.

Die Bankräuberin hatte die Augen geschlossen. Inzwischen tat ihr Jürgens Stimme weh, aber sie hatte nicht mehr die Kraft, etwas dagegen zu tun. In ihrem Kopf drehten sich Bilder von Geldscheinen, Palmenstränden, Polizisten, Bennys Beerdigung. Sie drehten sich immer schneller, bis sie sie mitrissen. Sie wollte um Hilfe schreien, aber es kam kein Ton.

»Doch eines Nachts bricht im Nachbarhaus Feuer aus, und weil er als einziger im Dorf noch wach ist, kann er zwei Kinder aus ihren Betten retten, die sonst verbrannt waren. Und am nächsten Tag ist er plötzlich der Held. Die Zeitung schreibt über ihn, das Fernsehen kommt, die Eltern der Kinder hören nicht auf, ihm zu danken, und abends in der Wirtschaft werden Hochs auf ihn ausgerufen. Alles, was vorher an ihm verachtet wurde, ist plötzlich gut, und man akzeptiert ihn als Mann für außergewöhnliche Anlässe. Dabei ist sein Buch, in dem alle im Dorf schlecht wegkommen, fast fertig ...«

Jürgen verstummte. Die Bankräuberin hatte angefangen, regelmäßig und tief zu atmen. Im ersten Moment schaute er verwirrt, dann wütend. Am liebsten hatte er sie geweckt und gesagt: ›Jetzt kommt's doch erst! Die entscheidende Frage, der Kern des Romans!‹ Die ganze Zeit hatte er Anlauf genommen, und jetzt, als er springen wollte ...

Eine Weile rührte er sich nicht. Dann schenkte er sich so leise wie möglich Champagner nach und trank den Becher in einem Zug leer. Sein Blick fiel auf die Pistole.

Zehn Minuten später starrte Jürgen immer noch auf das schwarze, glänzende Metall. Nie zuvor hatte er eine Waffe in der Hand gehalten. Langsam wurde ihm bewusst, dass er nun frei und gerettet war. Gerettet …? Er fühlte sich wie vor den Kopf geschlagen, taub, abgelehnt, irgendwo rausgefallen, wertlos. Wie oft hatte er sich ausgemalt, wie es sein würde, wenn er mit seiner Geschichte zum ersten Mal an die Öffentlichkeit träte. Das es ausgerechnet bei einem Banküberfall geschah und dass er sie nur hatte nacherzählen können, war ja nicht seine Schuld! Drei Jahre hatte er auf diesen Moment hingelebt. *Aber eigentlich schreibe ich einen Roman …* Er sah auf und betrachtete das Gesicht der Bankräuberin. Spucke lief ihr aus dem Mundwinkel.

Jürgens Blick wanderte durch den Schalterraum. Zigarettenschachteln, leere Flaschen, umgekippte Stühle, Müll. Das Plakat mit der Luftaufnahme der Dresdner Oper hatte dort, wo es der Champagnerkorken getroffen hatte, einen Riss. Die Deckenlampen tauchten alles in fahles Licht. Er hörte ihr Summen und zum ersten Mal, so kam es ihm vor, Geräusche von draußen. Entferntes Motorbrummen, Türenschlagen.

Sein Blick fiel auf seine Hose über der Heizung.

Wie im Reflex schlossen sich seine Augen, und er schüttelte den Kopf. Was hatte er geglaubt, was das hier war? Ein romantisches Abenteuer mit Literaturdiskussion?

Der Anfang eines neuen, besseren Lebens …?

Ohne die Pistole aus der Hand zu legen, schenkte er sich Champagner nach und setzte den Becher an. Er hatte das Gefühl, Wasser zu trinken. Alkohol schien keinerlei Wirkung mehr auf ihn zu haben.

War sein Dasein wirklich so jämmerlich, dass es nur einen Tag und ein Mädchen brauchte, um alles in Frage zu stellen und aus den Fugen geraten zu lassen?

Er sah wieder auf die Pistole. Ein für einen Augenblick zu nervöser Finger der Bankräuberin, und er wäre tot gewesen.

Was waren Gefühle und Gedanken, die in so einer Situation entstanden, wert? ... und trotzdem: Wie euphorisch war er gewesen, wie ... glücklich auf eine Art.

Erneut schenkte er sich Champagner nach, lehnte sich mit dem Becher zurück, sah in die Weite des Schalterraums, ohne etwas wahrzunehmen. Als wäre die Zeit stehengeblieben, dachte er und spürte, dass eine Entscheidung zu treffen war. Nie hatte er sich so fern und über allem schwebend gefühlt.

Er dachte an Geschichten, in denen der Tod als ein Zustand beschrieben wurde, in dem man der Welt von oben zugucken konnte. Irgendwann wurde die Polizei anrufen, bis dahin hatte er Zeit, so redete er sich ein, Ordnung zu schaffen.

Er dachte an Elisabeth und ihren Bruder. Der saß jetzt wahrscheinlich gerade breitbeinig im Wohnzimmer, steckte sich einen Zigarillo an und machte seine üblichen Bemerkungen über Elisabeths Ehe. Und wie immer hatte sie nichts darauf zu erwidern und würde ihn, Jürgen, dafür später mit noch mehr Verachtung strafen. Wie hatte sie einmal gesagt, als sie nach einer Party bei ihrem Chef im Taxi nach Hause fuhren: »Wie kannst du erwarten, dass sich die Leute für einen interessieren, der fast seine ganze Zeit mit toten Russen verbringt und nur dazu etwas zu sagen weiß und vom wirklichen Leben keine Ahnung hat? Über was sollen sie mit dir reden, wie soll da eine Brücke entstehen?

Wenn du durch dein Wissen bekannt wärst, im Fernsehen auftreten würdest und so, dann könntest du dir so was leisten, aber noch bist du nun mal ein Nichts für sie. Und ich habe die Nase voll, dich dauernd erklären zu müssen! Ja, mein Mann wirkt ein bisschen langweilig, aber wissen Sie, er macht außerordentlich wichtige Studien über russische Literatur und ist auf diesem Gebiet eine Art Genie, glauben Sie also bloß nicht, ausgerechnet ich sei mit der trübsten Tasse im Saal zusammen!«

Die trübste Tasse im Saal! So hatte Elisabeths Bruder ihn bei ihrer Hochzeit genannt.

Ob er jemals so bekannt wurde, dass der Bruder und alle anderen endlich den Mund hielten? Das niemand mehr, auch er selber nicht, irgendwas erklären musste? Das Elisabeth stolz auf ihn wäre?

Die Bankräuberin wandte im Schlaf den Kopf, und ihre Akne glänzte im Deckenlicht. Sie sah jetzt aus wie irgendein Teenager, der sich nach einer Klassenfete auf dem erstbesten Stuhl ausschlief. Aber das täuschte! Während er den Blick auf die Bankräuberin heftete, verhärteten sich Jürgens Züge. Wie oft hatte sie im Laufe des Abends die Pistole auf ihn gerichtet! Sie ihm sogar auf die Stirn gedruckt! Und was war er schon für sie gewesen? Ein Spießer, ein Feigling! Sein Roman hatte sie einen Dreck interessiert!

Nur ums Geld war es ihr gegangen. *Weißt du, was 'ne gute Geiselnahme wär?* Dass er ihr Spiel nicht durchschaut hatte!

Stattdessen Kinophantasien, Bonny und Clyde, wie ein Sechzehnjähriger! Und dabei hätte sie ihn, vollgedröhnt mit Pillen, wahrscheinlich bei der erstbesten Gelegenheit erschossen!

Jürgen lehnte sich schwer atmend zurück. Es war ein Kampf auf Leben und Tod, so musste man es sehen. Nur dass er nicht gekämpft hatte. Nur in die Hose gemacht. Die trübste Tasse im Saal ... *Aber eigentlich schreibe ich einen Roman – Ach ja? Ich habe früher auch geschrieben ...*

Und plötzlich sah er vor sich, wie sie im Fernsehen sein Bild bringen wurden: Jürgen Schröder, der es mit Geduld und Mut geschafft hat, die unter Drogen stehende Bankräuberin zu überwältigen. Aus eigener Kraft konnte er sich und, wäre es zu Flucht und Verfolgungsjagd gekommen, wahrscheinlich noch vielen anderen das Leben retten.

Vor Ort nun unser Reporter im Gespräch mit Jürgen Schröder ...

Jürgen setzte die Champagnerflasche an und trank sie leer. Bis auf das Summen der Deckenlampen war alles still.

Er malte sich seinen Auftritt im heimischen Wohnzimmer aus. ›Ach, dein Bruder ist noch da? Es stört euch doch nicht, wenn ich mal kurz die Nachrichten anschaue?‹

Herr Schröder, Sie waren die letzte Geisel und mussten mehrere Stunden mit der Geiselnehmerin alleine in der Bank aushalten. Am Ende haben Sie es unter dramatischen Umstanden geschafft, die Geiselnehmerin auszuschalten.

Ja, aber eigentlich schreibe ich einen Roman.

Als das Telefon klingelte, weil die Polizei zum vereinbarten Zeitpunkt anrief, saß Jürgen in den Stuhl gedrückt, hielt die Pistole mit beiden Händen umkrampft und starrte wie hypnotisiert auf die Bankräuberin. Auf dem Hohepunkt seines Kampfes auf Leben und Tod fühlte er eine eigenartige Taubheit in sich.

Als die Bankräuberin sich bewegte, weil das Klingeln sie weckte, musste er handeln. Mit halbabgewandtem Gesicht schoss er viermal auf sie, dann schrie er um Hilfe.

Drei Gedichte

H. M.

Als die Regierung nach drei Jahren
seiner Frau die Einreise wieder gestattete
als er den Schlüssel hörte im Flur
nach tausend Tagen Warten,
nach 200 Briefen und drei Telegrammen,
in denen sie ihn dreimal verlassen hatte endgültig,
als sie ins Zimmer trat und den weißen Koffer fallenließ
neben den Spiegel ohne ein Wort,
als er in ihre Augen sah, die er schon vergessen hatte
über all den Büchern und Zeitungen,
als er auf den Ausweis sah,
den 150 Wochen verweigerten,
jetzt auf dem Tisch in seiner Wohnung,
verstand er zum ersten Mal:

Schlaflied für K.

Nacht oder Tag oder jetzt
Will ich bei dir liegen
Vom schlimmsten Frieden gehetzt
Zwischen zwei Kriegen

Ich oder wir oder du
Denken ohne Gedanken
Schließ deine Augen zu
Siehst du die Städte schwanken

In den Traum oder Tod oder Schlaf
Komm in den Steingarten
wo ich dich nie traf
will ich jetzt auf dich warten

DU BIST NICHT HIER.
das abendprogramm ist zuende.
schreiben oder leben
ein gedicht oder ein mädchen.
wenn du hier bist, kann ich nicht schreiben
wenn du nicht hier bist kann ich nicht schreiben.
du bist nicht hier.
wenn du kommst, werde ich sein wie einer, der dich nicht
                                        erwartet hat
das warten wird mich gefressen haben und dir
einen toten vor die füße spucken.

ERNST JANDL

fünfter sein

türe auf
einer raus
einer rein
vierter sein

türe auf
einer raus
einer rein
dritter sein

türe auf
einer raus
einer rein
zweiter sein

türe auf
einer raus
einer rein
nächster sein

türe auf
einer raus
selber rein
tagherrdoktor

Warten auf Weißnichtwas

Ein Leierkasten wringt sich aus.
Es klingt nach Leben und Sterben.
Im Schutt im Winkel hinterm Haus
Liegen hässliche Scherben.

Am Fenster quält sich ein winziges Tier,
Läuft immer dieselbe Schleife.
Es klingelt. – Ein Armer bietet mir
Schnürsenkel an. Oder Seife.

Es ist nichts neu und nichts verstellt
An meinen Gegenständen.
Nichts lockt mich hinaus in die Außenwelt.
Nichts hält mich hinter vier Wänden.

Tschick

Der Dorfsheriff hatte uns nicht gesehen. Er kurbelte nur an den Pedalen seines Fahrrads, zog ein Schlüsselbund aus der Tasche und versuchte, die abgegangene Kette wieder aufs Ritzel zu drücken. Das funktionierte nicht, und er musste erst die Finger zu Hilfe nehmen. Dann betrachtete er seine schmutzigen Hände und rieb sie gegeneinander. Und dann sah er mich. Fünfzig Meter entfernt und leicht bergauf: ein Junge mit einem riesigen Kürbis. Was sollte ich machen? Er hatte gesehen, dass ich in seine Richtung kam, also ging ich erst mal weiter. Ich hatte ja nur einen Kürbis, und der Kürbis gehörte mir. Meine Beine zitterten, aber es schien die richtige Entscheidung zu sein: Der Dorfsheriff wandte sich wieder seinem Fahrrad zu. Doch dann guckte er noch mal hoch und entdeckte Tschick. Tschick war in diesem Moment beim Lada angekommen, hatte seine Einkaufstaschen auf die Rückbank gehievt und war im Begriff, sich auf den Fahrersitz zu setzen. Die Hände des Polizisten hörten auf gegeneinanderzureiben. Er schaute starr in die Richtung, machte einen Schritt vorwärts und blieb wieder stehen. Ein Junge, der in ein Auto einsteigt, ist noch nicht unbedingt verdächtig. Auch wenn es die Fahrertür ist. Aber sobald Tschick den Motor starten würde, war klar, was als Nächstes passierte. Ich musste was tun. Ich umklammerte mit beiden Händen den Kürbis, hob ihn hoch über meinen Kopf und brüllte die Straße runter: »Und vergiss nicht, den Schlafsack mitzubringen!«

Was Besseres fiel mir nicht ein. Der Polizist drehte sich zu mir um. Tschick hatte sich ebenfalls umgedreht. »Vater sagt, du sollst den Schlafsack mitbringen! Den Schlafsack!«, brüllte ich noch einmal, und als der Polizist wieder zu Tschick hinguckte und Tschick zu mir, fasste ich mir schnell an Schädeldecke und Hüfte (Mütze, Pistole), um zu erklären, was dieser Mann von Beruf war. Weil, ohne Mütze und nur mit dieser grünlichen Hose war das nicht leicht zu erkennen. Ich muss ziemlich bescheuert ausgesehen haben, aber ich wusste auch nicht, wie man einen Polizisten sonst darstellt. Und Tschick begriff auch so, was los war. Er verschwand sofort im Auto und kam mit einem Schlafsack in der Hand wieder raus. Dann machte er die Fahrertür hinter sich zu und tat, als würde er abschließen (Vater hat mir den Schlüssel gegeben, ich musste nur was holen), und ging mit dem Schlafsack beladen auf mich und den Polizisten zu. Doch nur etwa zehn Schritte. Ich war mir nicht hundertprozentig sicher, warum er stehen blieb. Aber etwas im Gesicht des Polizisten musste ihm wohl klargemacht haben, dass unser Täuschungsmanöver nicht die Theatersensation des Jahrhunderts werden würde.

Denn mit einem Mal ging Tschick wieder rückwärts. Er fing an zu rennen, der Polizist rannte hinterher, aber Tschick saß schon am Steuer. Rasend schnell parkte er rückwärts aus, und der Polizist, immer noch vierzig Meter entfernt, beschleunigte wie ein Weltmeister. Nicht, um den Wagen einzuholen vermutlich, das konnte er auf keinen Fall schaffen, aber um das Kennzeichen zu lesen. Heilige Scheiße. Ein Sprintweltmeister als Dorfsheriff, Und ich stand die ganze Zeit wie gelähmt mit diesem Kürbis auf der Straße, als der Lada schon auf den Horizont zuhielt und der Polizist sich endlich zu mir umdrehte. Und was ich dann gemacht hab – frag mich nicht. Normal und mit Nachdenken hätte ich das garantiert nicht gemacht. Aber es war ja schon nichts mehr normal, und so dumm war es dann vielleicht auch wieder nicht. Ich rannte nämlich zum Fahrrad hin. Ich warf den Kürbis weg und rannte zum Fahrrad vom Polizisten. Ich war jetzt deutlich näher dran als der Polizist, schleuderte das Rad am Rahmen herum und sprang in den Sattel. Der Polizist brüllte, aber glücklicherweise brüllte er noch in einiger Entfernung, und ich trat in die Pedale. Bis zu diesem Moment war ich nur wahnsinnig aufgeregt gewesen, aber dann wurde es der reinste Albtraum. Ich trat mit aller Kraft und kam nicht von der Stelle. Die Gangschaltung war im hundertsten Gang oder so, und ich konnte den Hebel nicht finden. Das Geschrei kam immer näher. Ich hatte Tränen in den Augen, und meine Oberschenkel fühlten sich an, als würden sie vor Anstrengung gleich platzen. Der Polizist brauchte nur noch die Hand nach mir auszustrecken, und dann kam ich langsam in Fahrt und fuhr ihm davon.

Ich schoss über das Kopfsteinpflaster durchs Dorf. Bis zum Marktplatz brauchte ich keine neunzig Sekunden, und ich konnte mir ausrechnen, wie gefährlich das war, weil der Polizist zu diesem Zeitpunkt vielleicht längst am Telefon hing. Wenn er nicht doof war – und er hatte nicht den Eindruck gemacht, als wäre er doof –, rief er einfach jemanden an, der mich am Markt abfangen konnte. Vielleicht gab es hier noch mehr Polizisten. Ich raste mit Höchstgeschwindigkeit zwischen grauen Häusern durch und um die Ecken und endlich auf einem kleinen Weg direkt in die Felder.

In der Dämmerung lag ich im Wald, allein, keuchend und aufgeregt, mit dem Polizeifahrrad unter einem dichten Gebüsch, und wartete. Und überlegte. Und wurde immer verzweifelter. Was sollte ich machen? Ich war irgendwo hundert oder zweihundert Kilometer südlich oder südöstlich von Berlin in einem Wald, Tschick fuhr gerade mit einem hellblauen Lada mit Münchner Kennzeichen sämtlichen alarmierten Polizeieinheiten der Umgebung davon, und ich hatte keine Ahnung, wie wir uns jemals wiederfinden sollten. Normalerweise würde man in so einem Fall wahrscheinlich versuchen, sich dort wiederzutreffen, wo man sich aus den Augen verloren hat. Das ging jetzt aber schlecht: Da stand das Haus des Dorfsheriffs.

Eine andere Möglichkeit wäre vielleicht gewesen, zu Friedemanns Familie zu gehen und dort eine Nachricht zu hinterlassen. Oder zu hoffen, dass Tschick eine für mich hinterlassen würde. Aber aus irgendwelchen Gründen kam mir das sehr unwahrscheinlich vor. Das Dorf war winzig, die Leute kannten sich garantiert alle, und Tschick hätte auf keinen Fall noch mal mit dem Auto ins Dorf reingekonnt. Er hätte es höchstens nach Anbruch der Nacht zu Fuß versuchen können, auf die Gefahr hin, dass alle im Dorf längst von dem Vorfall wussten. Und das erschien mir auch deshalb so unwahrscheinlich, weil etwas ganz anderes mir auf einmal viel wahrscheinlicher erschien.

Wenn man sich nicht da wiedertreffen kann, wo man sich

aus den Augen verloren hat, geht man eben an den *letzten* sicheren Ort zurück, wo man vorher war: die kleine Aussichtsplattform mit dem Kiosk und den Holunderbüschen.

Das schien mir jedenfalls logisch, während ich da mit dem Gesicht im Dreck lag. Das war die einfachste Lösung, und je länger ich darüber nachdachte, desto überzeugter war ich, dass Tschick da auch draufkommen würde. Weil ich ja auch draufgekommen war. Außerdem lag die Aussichtsplattform ganz günstig. Sie war weit genug vom Dorf entfernt, aber nah genug, dass man sie mit dem Fahrrad erreichen konnte. Und Tschick musste gesehen haben, dass ich mit dem Fahrrad abgehauen war. So verbrachte ich die halbe Nacht in diesem Gebüsch und fuhr dann beim ersten Lichtstrahl mit dem Fahrrad zurück. Ich fuhr einen riesigen Bogen um das Dorf herum und durch den Wald und über die Felder. Der Weg war nicht sehr schwer zu finden, aber es war viel, viel weiter, als ich gedacht hatte. Ich sah die Hügelkette in der Ferne im Nebel, aber sie kam überhaupt nicht näher, und schon nach kurzer Zeit hatte ich großen Durst. Und Hunger hatte ich auch. Rechts auf den Feldern standen ein paar Häuser um eine Backsteinkirche herum, und da fuhr ich dann einfach hin. Der Ort bestand aus drei Straßen und einer Bushaltestelle. Die Straßenschilder waren in einer fremden Sprache, und ich dachte einen Moment, dass ich schon in Tschechien wäre oder was, aber das konnte ja wohl nicht sein. So was Ähnliches wie eine Grenze hätte ich doch wohl bemerkt.

Es gab auch einen winzigen Laden. Aber der war geschlossen und sah nicht so aus, als würde er demnächst mal wieder aufmachen. Die Schaufenster waren fast undurchsichtig vor Schmutz, drinnen lagen ein halbes Brot und verblichene Kaugummi-Packungen auf einem Tisch, dahinter ein Regal voller DDR-Waschmittel.

An der Bushaltestelle stand ein Geisteskranker, der mitten auf die Straße pinkelte und mit seinem Pimmel herumschlackerte, als ob es ihm großen Spaß machen würde. Sonst war niemand auf der Straße, und die flachen Sonnenstrahlen glänzten auf dem Kopfsteinpflaster wie roter Lack. Ich überlegte, einfach an einer Haustür zu klingeln und jemanden zu bitten, mir was zu verkaufen. Aber nachdem ich irgendwo geklingelt hatte, wo Licht brannte – der Name auf dem Klingelschild war Lentz, das weiß ich noch genau –, verließ mich sofort der Mut, und ich fragte nur, ob ich ein Glas Leitungswasser haben könnte. Der Mann, der die Tür geöffnet hatte, war halb nackt. Er hatte eine Sporthose an und schwitzte. Jung und durchtrainiert, Bandagen um die Handgelenke. »Ein Glas Leitungswasser!«, brüllte er. Er starrte mich an und zeigte dann auf einen Wasserhahn außen am Haus. Während ich aus der Leitung trank, fragte er, ob mit mir alles in Ordnung sei, und ich erklärte ihm, dass ich eine Fahrradtour machen würde. Er lachte und schüttelte den Kopf und fragte noch mal, ob mit mir *alles in Ordnung* wäre. Ich zeigte auf seine Bandagen und fragte, ob mit ihm alles in Ordnung wäre. Da wurde er sofort ernst und nickte, und die Unterhaltung war zu Ende.

Als ich auf der Aussichtsplattform ankam, war ich ganz allein auf dem Berg, und es war immer noch früh am Morgen. Hinter dem Sägewerk stand nur ein schwarzes Auto, der Kiosk auf dem leeren Parkplatz war mit einem Vorhängeschloss gesichert. Ich lief zu den Holunderbüschen hinunter, wo noch Müll von uns lag, aber von Tschick keine Spur. Da war ich wahnsinnig enttäuscht.

Eine Stunde nach der andern saß ich oben auf der Mauer und wartete. Und wurde immer trauriger. Ausflügler kamen und Reisebusse, aber den ganzen Tag kein Lada. Weiter rumzufahren schien mir nicht klug, weil, wenn Tschick auch rumfuhr, müsste er mich doch irgendwann finden. Und wenn wir beide rumfuhren, würden wir uns nie finden. Irgendwann war ich sicher, dass sie ihn wahrscheinlich geschnappt hätten, und ich richtete mich darauf ein, auch noch die nächste Nacht unter den Holunderbüschen zu verbringen, als mein Blick auf eine der Abfalltonnen fiel. In dieser Tonne lagen Unmengen von Schokoriegelpapier, leere Bierflaschen und Kronkorken, und da fiel mir plötzlich ein, dass wir unseren ganzen Müll der letzten Nacht ja ebenfalls in diese Tonne geworfen hatten. Wir hatten nichts liegen gelassen unter den Holunderbüschen. Wie ein Wahnsinniger rannte ich zurück – und da lag diese eine leere Cola-Flasche. Ich guckte sie mir genauer an, und oben im Flaschenhals steckte ein kleiner, zusammengerollter Zettel, auf dem stand: »Bin in der Bäckerei, wo Heckel war. Komm um sechs, T.« Der Satz war aber durchgestrichen und ein neuer druntergeschrieben: »Graf Lada arbeitet im Sägewerk. Bleib hier, ich hol dich bei Sonnenuntergang.«

Ich saß bis zum Abend glücklich auf der Aussichtsplattform, und dann unglücklich und immer unglücklicher. Tschick kam nicht. Touristen kamen auch nicht mehr, nur ein schwarzes Auto kurvte hinten auf dem Weg herum. Das kurvte da schon seit der Dämmerung, und ich weiß nicht, wie blind man eigentlich sein kann, denn erst als das Auto vor mir hielt und ein Mann mit Hitler-Bärtchen die Tür aufmachte, merkte ich, dass das logischerweise auch ein Lada war. Unser Lada.

Ich umarmte Tschick, und dann boxte ich ihn, und dann umarmte ich ihn wieder. Ich konnte mich überhaupt nicht beruhigen. »Mann!«, schrie ich. »Mann!«

»Wie findest du die Farbe?«, fragte Tschick, und dann schossen wir schon mit Vollgas den Hügel hinunter.

Ich erzählte, was ich alles gemacht hatte, seit wir uns verloren hatten, aber was Tschick zu erzählen hatte, war deutlich interessanter. Er war auf seiner Flucht zufällig wieder an der Bäckerei vorbeigekommen, wo wir Heckel getroffen hatten, und nicht weit davon hatte er den Lada erst mal geparkt, weil ihm das Rumfahren auf der Straße zu gefährlich wurde. Er hatte sich vor die Bäckerei gesetzt und den ganzen Tag nur Polizeiautos gesehen.

Schließlich war er zu Fuß zu der Aussichtsplattform gelaufen, die nur ein paar Kilometer entfernt war, und dort hatte er zuerst auf mich gewartet, und weil ich nicht kam, weil ich ja im Wald übernachtete, hatte er schließlich den Zettel mit dem Bäckerei-Satz in die Cola-Flasche gesteckt und war den ganzen Weg zum Lada zurückgelaufen. Dabei war er an einem Baumarkt vorbeigekommen und hatte Klebeband und einen Karton Sprühdosen geklaut und war dann damit, als keine Polizei mehr auf der Straße war, wieder zur Aussichtsplattform gefahren. Da hatte er den zweiten Satz auf den Zettel geschrieben und dann in dem Sägewerk angefangen, den Lada umzuspritzen. Und an alles andere hatte er auch gedacht: Am Lada hingen jetzt Cottbuser Kennzeichen.

JENS WONNEBERGER

Sturer Hund

Er könnte jetzt zur Trinkhalle gehen, oder wenigstens für einen Abend in die Stadt fahren, vielleicht sogar mit Linda. Merkwürdig, er ist in den letzten Wochen noch nie auf die Idee gekommen und verwirft den Gedanken auch jetzt. Noch hat er die Wohnung dort nicht aufgegeben, lange wird er sich das nicht mehr leisten können. Irgendwann wird er sich Dr. Lohmeyer erklären müssen, und auch Linda wird Fragen stellen, die mit einem Kuss nicht zu beantworten sind. Manchmal hofft er, dass sich die Dinge irgendwie regeln werden, ohne sein Zutun, ohne seine Entscheidung, Lohmeyer würde ihm diesen Gefallen vielleicht sogar tun, im Falle von Linda weiß er nicht, worauf er hoffen soll. Er weiß nicht einmal, ob die letzte Nacht einen Anfang bedeutete oder ein Ende.

Martin hat in den letzten Tagen immer wieder die alten Wege der Kindheit gesucht. Er hat es vermieden, die Straßen zu nehmen, wo die Fenster Augen haben und sich hinter den Scheiben die Gardinen bewegen, wo immer wieder jemand wie zufällig vor die Haustür tritt, um nach der Katze zu rufen oder den Müll wegzubringen. Er hat die alten Schleichwege gesucht, an deren Rändern es kein Ortseingangsschild gibt und keine Tafel, die rot umrandet vor der Tollwut warnt oder vor der Maul- und Klauenseuche. Die alte Obstbaumallee, die früher noch die Autobahn gekreuzt hatte, endet jetzt jäh vor einem Erdwall, vor ein paar Tagen ist er umgekehrt und hat den Wiesenpfad genommen, den noch immer der Koppelzaun aus längs geviertelten Stämmen säumt, dann aber stand er plötzlich vor einem Trimmdichpfad, die Lust am Laufen war ihm sofort vergangen, obwohl der Geruch von frisch geschlagenem Holz vom Waldrand lockte. Der schwere Duft erinnerte ihn an die geritzten Stämme, aus denen früher das Harz in Blumentöpfe gesickert war. Die Wunden der Stämme hatten ausgesehen wie der frisch geharkte Sand auf dem Grab seiner Mutter.

Heute geht er den Hohlweg bis zum Findling unter der alten Linde. Früher hatte es hier eine Bank gegeben, deren Lehne übersät war mit Herzen und Initialen. Vielleicht hätte er hier auch ein L und ein M gefunden, doch von der Bank ist nichts geblieben als zwei Betonsockel zwischen verfilztem Gras, aus denen rostige Schrauben spießen.

Die alten Wege der Kindheit gibt es nicht mehr, die Kriegspfade im Schlosspark sind befriedet, die stillen Waldwege von schwerer Technik zerfurcht, geblieben ist nur das alte Spiel aus Kindertagen: Ich sehe was, was du nicht siehst. Argumente sammeln, nennt er das jetzt, Argumente zum Bleiben. Seine Schritte schrecken eine Amsel auf, ein paar Meter fliegt sie ihm voraus, als würde sie den Weg kennen, lässt sich dann nieder und wartet auf ihn. Ihr lautes Zwitschern klingt wie ein Schimpfen. Oder befiehlt sie ihm, ihr zu folgen?

Lang hingestreckt dösen die Hallen der Schweinemastanlage im Schatten der Pappeln, noch gleiten die Schwalben durch die gähnenden Tore, bald werden sie Richtung Süden verschwinden. Wie ein ausgetrockneter Pool dümpelt der riesige Betontrog des einstigen Misthaufens zwischen den hüfthohen Blättern der Pestwurz in der Hitze, an seinen Wänden glitzern Salzkristalle, während sich in der Seuchenschutzwanne ein Rest vom letzten Regen gehalten hat, er liegt wie ein Auge in einer Mulde aus Schlamm, der in der Sonne rissig geworden ist. Nur ein löchriger Teppich aus alten Reifen trotzt auf einem vergessenen Silo dem Verfall. Hier niemanden zu treffen hat fast etwas Tröstliches, Menschen geht er ohnehin wenn möglich aus dem Weg, als seien sie in seinen Überlegungen kein Argument. Er ahnt, dass er sich belügt und ihnen unrecht tut, aber er weiß, dass er das Bleiben nur in Erwägung zieht, weil der Vater tot ist und das Haus abseits auf dem Hügel liegt. Er wollte mit dem Leben im Dorf nicht in Berührung kommen. Mit Linda hat er nicht gerechnet.

Am Wegrand zirpen die Grillen, über dem Feld flirrt jetzt die Hitze, und rund um das Haus hat man gerade begonnen, das Getreide zu mähen. Der Mähdrescher schiebt eine dicke Staubwolke vor sich her, hinter ihm liegt das zu runden Ballen gepresste Stroh wie die Glieder eines riesigen Wurms. Die Strohballen könnten auch die Stücke einer Säule sein, man könnte sie übereinandersetzen, und Rohrbach versucht, sich vorzustellen, wie hoch eine solche Säule wäre. So hoch vielleicht, wie die Drachen gestiegen waren, die er damals mit Gregor gebaut hat und die manchmal am Himmel kaum noch zu erkennen waren. Die Erwachsenen haben von Gefahren für den Flugverkehr geredet, sie aber haben Gras oder Stroh um die Schnur geknotet, eine geheime Post, die der Wind in die Höhe trieb, schweigend haben sie ihr nachgesehen. Gregor ließ seinen Drachen hoch hinauf, ihm aber fiel es schwer, seinen zu halten. Der Drachen riss an ihm, hob ihn vom Boden, wenn er nicht losließ, aber wer wollte schon loslassen und seinen Drachen verlieren. Einmal war eine Schnur gerissen, der Drachen war am Himmel verschwunden, und Martin hat sich eingebildet, nun müsse irgendwo ein Flugzeug abstürzen, erst am nächsten Tag haben sie den Drachen gefunden, er hing kopfüber in den Hochspannungsleitungen, in der Zeitung aber hat nichts von einem Flugzeugabsturz gestanden.

Vielleicht, denkt er, vielleicht fehlt es mir nur an Visionen. Dr. Lohmeyer redete gern und viel von Visionen, wahrscheinlich meinte er Ehrgeiz. Rohrbach, Sie müssen mehr nach vorn blicken, Sie sind mir zu nostalgisch, sagte er manchmal. Einmal hatten mehrere Zeitungen in großer Aufmachung die Ergebnisse einer Kaufkraftstudie veröffentlicht, die von einem mit ihnen konkurrierenden Marktforschungsinstitut durchgeführt worden war. Rohrbach war zu Lohmeyer gegangen und hatte ihm eine der Zeitungen wortlos auf den Tisch gelegt. Groß war eine Deutschlandkarte abgebildet, die einzelnen Kreise des Landes waren je nach der Höhe der realen Kaufkraft mit unterschiedlichen Farben unterlegt. Dr. Lohmeyer hatte sich die Karte lange angeschaut, die Umfrage war aktuell, aber die Karte zeigte ein geteiltes Deutschland, der Osten gelb mit einigen orangefarbenen Flecken, der Westen rot mit violetten Einsprengseln. Lohmeyer war erstaunt und dachte eine Weile nach. Rohrbach, sagte er dann, wir müssen das besser machen. Sie sagen es, erwiderte Rohrbach. Lohmeyer überhörte die Ironie: Die lieben Kollegen haben nur die falschen Fragen gestellt, es ist an uns, die richtigen zu stellen, die richtigen Fragen, verstehen Sie, dann bekommen wir auch die gewünschten Antworten, Rohrbach, denken Sie sich was aus. Hatte Lohmeyer wirklich geglaubt, ausgerechnet Rohrbach könnte dafür der richtige Mann sein?

Morgen werde ich kündigen, denkt er. Er hat viel zu lange gezögert, jetzt steht der Entschluss fest. Das letzte Stück des Weges ist mit Stroh und Spreu bedeckt, es ist ein Gehen wie auf einer weichen Matte, die seine Schritte dämpft und ihm Sicherheit gibt. Warum erst morgen? Sofort muss er es tun! Je näher er dem Haus kommt, umso schneller geht er, er darf den Zweifeln jetzt keine Chance mehr lassen. Doch schon steht er wieder neben sich und sieht sich gehen, nein, nicht sich, es ist ein anderer, dem er zusehen kann, wie so eine Kündigung zu bewerkstelligen sei. Man kündigt schließlich nicht alle Tage, da sei eine Probe willkommen, er weiß gar nicht, was er Lohmeyer sagen soll. Ich kündige, könnte er sagen, es würde entschlossen klingen, aber Dr. Lohmeyer würde sofort sagen, dass man in solchen Zeiten nicht kündige, er würde nach den Gründen fragen, und was Rohrbach denn tun wolle, was dann? Dr. Lohmeyer würde ein Gespräch entwickeln, in dessen Verlauf von seiner Entschlossenheit nicht viel mehr bliebe als ein Häufchen Spreu auf einer flachen Hand. Lohmeyer brauchte nur noch zu pusten, und alles wäre aus. Sie sind ein wenig durcheinander, würde er sagen und Verständnis heucheln, der Tod des Vaters, er verstehe das, er solle das am besten vergessen und sich noch ein wenig ausruhen, ein, zwei Wochen könne er ihm noch geben. Vielleicht würde

Lohmeyer sogar den Kumpel herauskehren und von einer möglichen Krankschreibung reden, und Rohrbach müsste ihm auch noch dankbar sein.

Dr. Lohmeyer sei heute nicht zu sprechen, sagt Maria am Telefon, Rohrbach müsse schon mit ihr vorliebnehmen. Was er denn wolle? Nichts? Das sei schon ziemlich unverschämt, erst melde er sich eine Ewigkeit lang nicht, gehe nicht ans Handy, dann rufe er plötzlich an und wolle nichts. Martin zuckt hilflos mit den Schultern und beobachtet eine Biene, die seit einiger Zeit immer wieder durch das geöffnete Fenster kommt und in einem Loch der hölzernen Stiftbox verschwindet. Nach einer kurzen Pause ist jeder Vorwurf in Marias Stimme verschwunden: Was machst du gerade? Diese Frage hat er von Linda in den letzten Tagen auch schon mehrfach gehört, unvermutet stand sie hinter seinem Rücken und fragte, was er da mache. Ich telefoniere, sagt er gereizt und ist froh, bisher weder von Linda noch von Maria beim Nichtstun erwischt worden zu sein, die Frage wäre in diesem Fall vermutlich noch schlimmer gewesen: Was denkst du gerade? Er ist entschlossen, sofort aufzulegen, doch es ist zu spät, Maria fragt, ob er Hilfe brauche, ob sie am Wochenende nicht einmal vorbeikommen solle, eine Wohnung aufzulösen sei schließlich keine Kleinigkeit. Auf der Stiftbox liegen gelbe Blütenpollen, die er sich vorsichtig auf den Finger streicht. Nicht nötig, sagt er, nächste Woche bin ich wieder im Institut. Sie freue sich und werde es Dr. Lohmeyer ausrichten. Küsschen, sagt sie noch, dann legt er auf. Er wartet, bis die Biene davonfliegt, und legt eine Zündholzschachtel auf das Loch. Kurz darauf taucht die Biene wieder auf, sie sucht verwirrt nach dem abgedeckten Loch, nach einigen Versuchen gibt sie auf und verschwindet.

Am Abend sitzt er lange am Küchentisch, nach jedem Schluck Bier versucht er die Flasche genau auf den dunklen Abdruck im Wachstuch zu stellen. Nach der dritten Flasche steigt er auf den Dachboden, um die alte Schreibmaschine zu holen. Er stellt sie vor sich auf den Tisch und bläst den Staub von den Tasten.

Das Farbband ist eingetrocknet, die ersten Anschläge verlieren sich im Nichts. Zum Glück hatte Großvater vorgesorgt und das Reserveband luftdicht verpackt. Mit dem vierten Bier macht er sich an die Arbeit. Das ›d‹ im Wort Kündigung kippt ein wenig aus der Reihe.

Die Konferenz

Ja meine Damen und Herren, das ist das Geräusch, das Sie alle lieben, es geht gleich los, es beginnt, wir werden wohl beginnen, wieder einmal herzlich willkommen zu unserer aktuellen Nachmittagssendung. Ich darf Sie sehr herzlich begrüßen. Es geht sofort los bei uns, und ich begrüße Sie. Es ist so weit. In diesem Augenblick ist es so weit. Und zwar jetzt, in jedem Augenblick: Jetzt geht es los. Fertig. Und es geht ab. – Die Mannschaften haben das Spielfeld betreten, in blauen Jerseys und weißen Hosen. Sie tragen ein mittelblaues Trikot, eine weiße Hose und rote Stutzen, hellblau dunkelblau die Hose, in weißen Hemden und schwarzen Hosen, mit roten Hemden, weißen Hosen und roten Stutzen, ich hatte es angedeutet, im grünen Trikot, in den weißen Hosen, in den grünen Stutzen, mit den roten Stutzen und den roten Hemden und den weißen Hosen, und während die Musikkapelle hier das Stadion verlässt, kommen die Schweizer, die uns so oft die Hand gereicht haben, in ihren roten Hemden und den weißen Hosen – und roten Stutzen.

Nun warten wir ab, was heute daraus wird. Der Ball liegt bereit. Der Ball ist rund. Er stellt hier wahrlich das bisher Gesehene gründlich auf den Kopf, aber was solls: Der Ball ist rund, ganz gleich wie auch immer jedenfalls ja. Das mags gewesen sein, wir hören uns dann wieder. –

Was is?

Das Spiel hat noch nicht begonnen; das ist natürlich eine äußerst ungünstige Ausgangsposition. Ich kann Ihnen nicht sagen, warum es noch nicht beginnt – aber jetzt wird es gleich losgehen, wollen wir sehen, ob wir den Anpfiff noch mitbekommen hier. Aber es ist noch nicht so weit. Nun, wir werden uns ja dann gleich wieder melden, ich gebe erst einmal zurück ins Funkhaus. –

Nun warten wir ab, was heute daraus wird. Man zeigt hoffnungsfrohe Ansätze. Die Bälle werden jetzt, zumindest der Ball wird jetzt zurechtgelegt. Jetzt kommt Werder nach vorn mit Bracht, Bracht; mit Schmitz, Schmitz, ein kleiner schwarzhaariger Mann; mit dem gerade erwähnten Dubski, Sie wissen, eines Tages wird er zwar aufhören, aber man wird ihn dann vermissen; und als niemand ihn erwartete, stürzte aus der Tiefe, wirklich aus der Tiefe Deyna nach vorn: ja was der heute läuft, der rennt hinten vorn quer, wo er eben grade gebraucht wird, da isser, schnellfüßig auf dem nassen Boden, quer und etwas nach rückwärts, oder ein wenig weiter, davor oder dahinter, überlegt und gekonnt, eiskalt an ihm vorbei, unhaltbar halbhoch. Das wirkt rhythmisch, das wirkt wuchtig, das peitscht die Spieler nach vorn. Sie versuchen, durch die Mitte zu laufen, und wenn man durch die Mitte läuft, dann läuft man doch wie in einen Trichter hinein. Und dann schlendern sie ganz gemächlich durch den eigenen Raum, und das dauert, das dauert; sie sind manchmal so erstaunt, so als ob sie türkische Schnabelschuhe anhätten.

Sehr schön gemacht! aber schade, das ging schief, und wenn ich sage: schade, dann meine ich: das geht vorsichtig tastend, sehr schön. Und ich sehe soeben oder vielmehr ich höre, dass …

Was is?

… gemach, gemach, liebe Freunde; ich sehe soeben, dass – oder vielmehr höre: Koitka tanzt wieder da hinten hin und her, mehr Rasse als Klasse. Das sieht alles ganz nett aus, das kann sich auch wieder legen. Und Koitka, in die tiefstehende Sonne schauend, mit einer Mütze im Gesicht, weil er ja gegen die tiefstehende Sonne schauen muss, deshalb hat er sich also eine Mütze aufgezogen; Koitka, der wahrlich nicht mehr allzu viel zu tun hat, schaut sich jetzt die Situation in gebückter Haltung an; weit herunterhängend seine Strümpfe. Da greift er sich an den Kopf mit dem rechten Fuß, der Mann, der noch die sauberste Hose anhat, auf den Kopf, von da auf den Fuß und wieder auf den Kopf, nachdem die Herthaner ihm zentimeterhart auf den Füßen stehen. Doch damit genug, kehren wir in die Gegenwart zurück, wo inzwischen die Sonne hinter einem Dunstschleier verschwunden ist, so, als wenn das gar nichts gewesen wäre. Das habe ich in dieser konsequenten Form auch noch nicht gesehen. Man fragt sich tatsächlich, wie lange das eigentlich gut geht; auf jeden Fall heute noch. Ganz gleich was auch immer jedenfalls ja. –

Der Ball wandert heraus. Der Ball streicht. Der Ball rollt. Der Ball klatscht. Der Ball rutscht. Der Ball wird noch einmal abgetropft. Der Ball krachte gegen die Latte. Und der Ball läuft an ihm vorbei. Wie an der Schnur gezogen fliegend läuft der Ball. Und der Ball streicht vorüber. Und dann biegt sich förmlich Kargus hinein in den Ball, als ihm der Ball aus dem Ärmel herausrollte. Der Ball war ganz tückisch geworden. Und dann ist der Ball zu lang geworden. Der Ball ist zu kurz geworden. Der Ball, wie gesagt. Jetzt tanzt der Ball ein wenig. Der Ball tanzte nur, und über dieses Tanzen des Balles hörten sie nichts mehr im Freudentaumel. Und dann knallte der Ball. – Jetzt machen wir ein paar Takte Musik und dann geht es weiter.

Und ich sage Ihnen, es hat immer noch nicht begonnen, und das würde also bedeuten, dass man hier ziemlich spät anfängt. Nun ja, es wird gleich losgehen, die Spieler stehen inzwischen unten; noch stehen die Spieler teilweise, noch liegen oder noch sitzen sie; ja jetzt wissen wir also, weshalb es noch nicht begonnen hat. –

Im Flutlichtstrahl nimmt er den Ball herunter, von der Brust aufs Knie, und dann lässt er ihn herabtropfen auf den Fuß.

und was macht er mit dem Ball?

er schlägt den Ball, und er drückt den Ball, löffelt den Ball, zieht den Ball, faustet den Ball, jagt den Ball, nimmt den Ball aus der Luft, drischt jetzt den Ball, jetzt – was macht er?

er verliert den Ball, spitzelt den Ball, löffelt den Ball, treibt den Ball mit dem Fuß durch den tiefen Schnee, den heute orangefarbenen und mit schwarzen Tupfern versehenen Ball, na und da köpft er den Ball,

was macht er mit dem Ball?

schlägt den Ball, hebt den Ball, da, wo die Schatten der Tribüne schon auf dem Spielfeld liegen, rutscht der Ball dann ins Aus –

Was is?

Soo ist Fußball. Es ist etwas seltsam im Fußball, aber es ist so. So geht's im Fußball, der Ball ist rund, aber das ist eben ich möchte sagen das Schöne am Fußball. Ja so ist das im Fußball, bitte bei allen Einschränkungen, die es im Fußball gibt, aber so ist es im Fußball, und das ist meistens im Fußball ja so, aber so ist das nun einmal im Fußball, und das ist das, was den Fußball so interessant und immer so jung erhält, das ist nun mal so, aber das ist verständlich, und so isses nun einmal im Fußball, ja es ist im Fußball nun einmal so, aber wie es im Fußball ist, so ist es, so auch im Fußball. Für alle die, die es nicht verstanden haben: das ist nun mal so im Fußball, wie immer im Fußball, und was folgern Sie alle daraus? Erwähnen wir es der Vollständigkeit halber noch einmal: ja so ist das mit dem eh – mhh – und deshalb kann ich Ihnen noch einiges vom Fußball sagen.

Wie geht's weiter im Fußball? Was is?

Ich kann Ihnen sagen – das Spiel hat noch nicht begonnen. Ich weiß nicht, warum man noch nicht begonnen hat, so spät hat es eigentlich noch nie begonnen. Wenn ich Ihnen das sage, dann bitte, verstehen Sie mich nicht falsch, ich möchte keinesfalls irgendwie – aber im Moment sieht es nicht so aus als ob –

Hoch kommt der Ball nach innen – und? und der Ball prallte von der Querlatte zurück, nicht deshalb, weil der Ball von der Querlatte zurücksprang, na ja, irgendwo wird der Ball ja hingehen. Der Ball kommt fast zurückgedrückt vom Wind. Wie vom Lineal gezogen stieg der Ball. Und so geht der Ball schwebend über die Latte. Und wie eine Rakete so steigt der Ball hoch in den Himmel, in die Wolken. Nur weg mit dem Ball. –

Was is?

Große Ratlosigkeit. Eine Kerze senkt sich in den Sechzehnmeterraum, als Senker, dann ein ganz gefühlvoller Heber, der immer länger wird, und dann kam der Aufsetzer, zu schlapp und zu spät, das war ein Aufsetzer, ein Abpraller, ein Heber, ein böser Schnitzer. Das ist natürlich ein wenig wenig, aber noch ist ja nichts zu Ende.

Wir wandern jetzt rheinaufwärts, und ich höre irgendwo Unruhe, Jochen Hageleit, war das bei Ihnen? –
    Nein, ich glaube das war in Bochum –

Ich höre jetzt Geräusche aus Duisburg, Jochen Hageleit, was passiert? –

Nein –

Und ich höre Jubel in Essen, Jochen Hageleit, schnell in die Hafenstraße –

Ich weiß nicht, ob ich gerufen wurde –

Da ist was passiert, Armin –

Ich rufe Dortmund –

Bitte schön –

Ist in Dortmund etwas passiert? ich höre Jubel, Heribert Faßbänder? Bitte schön. Ja. Ja bitte schön –

Hallo Duisburg –

Ja bitte –

Hallo Dortmund –

Ja Jochen Hageleit in Duisburg. Ja bitte –

Hallo Braunschweig –

Bitte Schalke –

Hallo Braunschweig –

Bitte Jochen Hageleit –

Hallo Jochen Hageleit –

Schnell jetzt zu Armin Hauffe –

Ja schönen Dank, also: weiter so. Ich rufe Heinz Eil, bitte melden – Gelegenheit für mich, zu Ihnen, Gerd Million zu geben. Gerd Million! –

Ja bitteschön –

Hallo Gerd Million –

Ja, ich bin hier –

Hallo Gerd Million –

Ja bitte schön, ja, ja bitte –

So, und damit sind wir bei unserer Konferenzreportage, bitte Oskar Klose –

Ja, genau im richtigen Augenblick – und ich gebe zurück zu Kurt Brumme nach Köln –

Meine Damen und Herren, es gibt Reporter, die lernen das nie, aber was sollen wir dagegen tun. –

Das wärs vom Bökelberg. Das wars, was wir inzwischen jetzt noch zu sagen haben. Da helfen keine Proteste. Genauso ist es, und das Maß ist voll. Und toremäßig hat sich nichts ereignet. Ja, wir haben geglaubt, es würde heute Tore geben am laufenden Bank … UND TOR… ja, das erste Tor ist gefallen, und wo wohl wo? TOR. UND TOR. UND – TOR. UND TOOR. UND TOR. UND TOOR. UND TOR. NEIN. UND TOR. UND TOOOR. UND TOR. NA SAG ICHS DOCH, NA SAG ICHS DOCH. UND TOOR. UND TOR. UND TOR. TOOR. UND TOR – NEIN, VORBEI. Oh, das entschädigt für vieles. So, ich glaube, das reicht mit den Toren. Ja das sind dramatische Schlussminuten hier, ja jetzt ist Jubel, jetzt ist Stimmung da, ja jetzt ist es doch ein Spiel. Die Freude ist groß, der Sieg verdient. Trainer Cramer schlägt ein um das andere Mal die Hände vors Gesicht. Und ich schaue in die Ehrentribüne und sehe, wie sich der Präsident die Haare rauft. Das Schicksal hat so entschieden, oder? ich muss lächeln.

Na wenns doch immer solche Spiele gäbe, dann gäbe es kein Schimpfen, dann müsste man sich nicht ärgern, dann gäbe es nicht den Ärger mit den anderen draußen, sondern weil dann der Fußball alles bestimmen würde und man dann wirklich, wenn man das berichtet, was man sieht, und das tut man nämlich als Reporter immer, Gutes berichten könnte. Und das ist heute der Fall gewesen. – Aber wenns mal nicht läuft, dann läuft es eben nicht. Und so sieht Fußball nämlich in Wirklichkeit aus. Und allen Akteuren ein Bravo und Gratulation zu einem Fußballhöhepunkt.

IM GRUNDE GENOMMEN SPIELN WIR JA IMMER FUSSBALL, ABER MIT DEM FALSCHEN FUSS!

(ferner Gesang)
Zwei Tore ham wir geschossen
Zwei ham wir reingekricht
Ein Punkt ham wir gerettet
Verloren ham wir nicht.

Ich weiß nicht, warum man noch nicht begonnen hat hier. So spät hat es eigentlich noch nie begonnen. – Starker Nebel senkte sich hernieder, als das Spiel beginnen sollte. Das kann man sagen, und ich glaube nicht, dass es möglich ist, unter diesen Umständen hier ein Fußballspiel durchzuführen, denn es haben nicht nur die Zuschauer nichts davon, auch die Spieler auf dem Feld können ihre Mitspieler kaum erkennen, und das ist ja nun absolut sinnlos, dann ein Fußballspiel durchzuführen. – Aber wir haben gesehen, wie die Spieler sich zu bewegen begannen, und somit geht es also los. Nun, schade drum, muss man sagen, schade, meine Damen und Herren, schade um Ihren Fußballabend, schade um unseren Fußballabend, aber es bleibt uns nichts anderes übrig, als uns zu verabschieden. – Lassen wir es, lassen wir das Spiel, weiter. –

PETER STAMM
Elins Äpfel

Äpfel, Kartoffeln, Kürbise. Ich kam vom Mittagessen mit einem Kunden, als ich das Schild am Straßenrand sah. Dass es mir auffiel, hatte weniger mit dem Schreibfehler zu tun als damit, dass die weiße Kunststofftafel mitten im Industriegebiet stand. Ich hatte keine Eile und parkte den Wagen am Straßenrand.

Es war ein wunderbarer Herbstnachmittag, kalt, aber sonnig. Die Luft war ganz klar, von den Hügeln in der Ferne leuchtete das bunte Laub der Wälder. Unvermittelt musste ich an meine Kindheit denken, an die endlosen Tage, an denen ich bei der Apfelernte hatte helfen müssen, an den Geruch des Fallobsts und des modernden Laubs. In der Stadt hatten die Jahreszeiten kaum Gerüche, vielleicht hatte ich deshalb in den letzten Jahren immer öfter das Gefühl gehabt, die Zeit laufe mir davon.

Erst als ich über die Straße ging, sah ich zwischen zwei großen Lagerhallen die windschiefe Hütte stehen. Sie war notdürftig aus allen möglichen Brettern, Hartfaserplatten und anderen Materialien zusammengezimmert. Fenster gab es keine, nur ein paar Rahmen aus Dachlatten, die mit milchig trüber Plastikfolie bespannt waren. Wenige hundert Meter über mir dröhnte ein startender Jet vorbei. Ich schaute ihm nach, bis er aus meinem Blickfeld verschwunden war.

Es war niemand zu sehen, aber aus einem Ofenrohr, das aus dem Wellblechdach ragte, stieg Rauch auf. Ich klopfte, wartete, klopfte noch einmal und öffnete schließlich die Tür.

Der Raum war voller Dampf, am entfernten Ende stand eine junge Frau an einem alten Holzherd. Sie trug einen Kopfhörer und hantierte an einer großen Pfanne. Vermutlich hatte sie die Veränderung des Lichts bemerkt, jedenfalls drehte sie sich zu mir um und schaute mich erschrocken an. Erst als ich zu reden begann, zog sie den Kopfhörer aus. Für einen kurzen Moment hörte ich klassische Musik, ein großes Orchester, dann hatte sie den MP3-Player aus der Tasche gezogen und ausgeschaltet. »Der Fluglärm«, sagte sie und zeigte mit dem Finger nach oben, von wo eben wieder ein startender Jet zu hören war.

Der Raum war fast leer. Neben dem eisernen Kochherd gab es eine Matratze, die auf alten Paletten lag. Daneben stand auf einer Holzkiste ein Kerzenständer. Der Tisch und die drei Stühle schienen aus dem Sperrmüll zu stammen. An der Decke brannte eine Petroleumlampe.

Die junge Frau schaute mich erwartungsvoll an, und ich fragte: »Sie verkaufen Äpfel?« – »Sie sind meine erste Kundin«, sagte sie und lächelte, »kommen Sie mit.« Sie ging voraus durch eine niedrige Tür neben dem Herd, die mit einem alten Jutesack verhängt war. Als ich ihr folgte, sah ich in der Pfanne ein halbes Dutzend Einmachgläser in brodelndem Wasser stehen. Wieder musste ich an meine Kindheit denken, daran, wie ich meiner Mutter im Herbst beim Einkochen geholfen hatte. Stundenlang hatten wir zusammen Birnen geschält und Schnitze gemacht und Zwetschgen entsteint.

Hinter dem Durchgang war ein zweiter, kleinerer Raum. Auf dem gestampften Erdboden standen Lattenkisten mit Äpfeln und Kartoffeln und Zwiebeln, den Wänden entlang auf Regalen Hunderte von Einmachgläsern. »Ein seltsamer Ort, um Gemüse anzubauen«, sagte ich. Die junge Frau drehte sich um und sagte mit finsterem Gesicht: »Vor fünfzig Jahren gab es hier nichts als Bauernland.« – »Das müssen Sie mir nicht erzählen«, sagte ich, »mein Vater war Bauer.«

Ich las die Etiketten auf den Einmachgläsern. Neben verschiedenen Obstsorten gab es Rotkohl und Rote Beete in Essig, Pilze, Tomatensauce und sogar fertige Suppen. »Sie haben vorgesorgt«, sagte ich, »damit stehen Sie den Winter durch.« Sie stand vor einer der Apfelkisten und schaute auf die Früchte hinunter, als sähe sie sie zum ersten Mal. »Wie viele wollen Sie?«

Sie hatte keine Tüte, und so nahmen wir beide so viele Äpfel in die Hände, wie wir tragen konnten, und brachten sie hinaus zum Auto. Als ich in meiner Tasche nach dem Schlüssel fischte, fiel einer zu Boden und rollte davon. Wir legten die Früchte in den Kofferraum, dann hob die junge Frau den heruntergefallenen Apfel auf, wischte ihn sorgfältig mit dem Ärmel ihres Pullovers ab und reichte ihn mir. Ich fragte, was ich schuldig sei. Sie schaute mich an mit einem hilflosen Blick und sagte: »Ich heiße Elin.« Sie streckte mir die Hand hin. »Daniela«, sagte ich und folgte ihr zurück in die Hütte. Sie setzte sich auf einen der Stühle und sagte mit fragender Stimme: »Zehn Franken?« – »Das ist ein bisschen viel für ein Kilo Äpfel«, sagte ich. »Fünf?« Sie sprang auf und schrie: »Ich brauche Ihr Geld nicht, lassen Sie mich doch in Ruhe!« Ich legte eine Zehnernote auf den Tisch und sagte: »Kürbisse schreibt man übrigens mit zwei ›s‹.«

Ich hatte viel zu tun in der nächsten Zeit. Als ich vielleicht einen Monat später die Gemüseschublade des Kühlschranks öffnete, lagen dort immer noch Elins Äpfel, verschrumpelt und weich geworden. Ich hatte ein schlechtes Gewissen, sie in den Müll zu werfen.

Am Wochenende fuhr ich noch einmal hinaus ins Industriegebiet. Das Schild stand nicht mehr an der Straße, und ich brauchte eine Weile, um den Ort zu finden. Es war ein nebliger, kalter Tag, mein Atem dampfte, und ich war froh, meine Daunenjacke angezogen zu haben. Wieder antwortete niemand auf mein Klopfen. Ich stieß die Tür auf und rief: »Hallo?« Es kam keine Antwort, und ich trat in den schummrigen Raum, in dem es kaum wärmer war als draußen. Am Tisch blieb ich stehen und schaute mich um. Ich erschrak, als ich im Gewühl von Decken und Kissen auf dem Bett Elins Kopf entdeckte. Sie schien tief zu schlafen. Ich weiß nicht, was in mich fuhr, aber ich setzte mich auf den Rand der Matratze und strich ihr mit der Hand über das Haar. Das Mädchen rührte sich nicht. Ihr Gesicht war starr und von einer wächsernen Bleichheit, hätte ich nicht ihren schwachen Atem gespürt, ich hätte geglaubt, sie sei tot.

Ich ging in den Vorratsraum und von dort durch eine zweite Tür nach draußen. Vor mir lag ein Garten, der von einer hohen Hecke aus wilden Rosen umgeben war. Am entfernten Ende standen drei Apfelbäume, deren Laub schon gelb war. Neben dem Komposthaufen blühten Malven und Winterastern. Die meisten Beete waren abgeerntet. Auf einem lag das faulige Kraut einer Zucchinipflanze, daneben ein paar dürre, umgeknickte Maishalme, und um hohe Stangen wanden sich schwarz gewordene Bohnenranken. An einem Holzgitter hing eine Pflanze, deren verdorrte Blätter dünn und weiß wie Papier geworden waren. Auf dem Boden darunter lag eine halbverfaulte Gurke. Vom hintersten Beet leuchteten drei große, orangefarbene Kürbisse. Über allem lag der Geruch von feuchter Erde und Verwesung.

Der Garten strahlte eine große Ruhe aus, und ich stand lange darin und dachte wieder an meine Kindheit, nicht so sehr an einzelne Erlebnisse als an die Zeitlosigkeit, die ich damals empfunden hatte, die Gefangenschaft in der Zeit, die zugleich Geborgenheit bedeutete und nach der ich mich manchmal sehnte in meinem atemlosen Leben. Alle paar Minuten startete über mir ein Flugzeug, aber nicht einmal der Lärm konnte die seltsam friedvolle Stimmung stören.

Elin lag immer noch im Bett und schlief, als ich zurück in die Hütte trat. Ich wollte ihr eine Nachricht hinterlassen, ein Zeichen, dass ich da gewesen sei und an sie gedacht habe, aber mir fiel nichts ein, was ich ihr hätte geben können. Schließlich holte ich zwei Hände voll Äpfel aus dem Vorratsraum, legte eine Zehnernote auf den Tisch und schrieb auf eine meiner Karten einen kurzen Gruß.

Ich musste viel an Elin denken in den folgenden Wochen. Besonders als das Wetter kälter geworden war und es tagelang regnete, sah ich sie vor mir in ihrer kleinen, ungeheizten Hütte sitzen und langsam ihre Vorräte verzehren und auf den Frühling warten. Ich hörte das Prasseln des Regens auf dem Wellblechdach, das Donnern der startenden Jets und den Lärm der Lastwagen auf der nassen Straße. Und manchmal war es mir, als spürte ich die klamme Kälte der Hütte, und ich musste einen Pullover anziehen, obwohl es in unseren Büros eher zu warm als zu kalt war. Dann fragte mein Chef, ob ich krank sei, ich wirke erschöpft in letzter Zeit. »Du arbeitest zu viel«, sagte er. »Das sagst ausgerechnet du mir«, sagte ich und ging auf den Balkon, um eine Zigarette zu rauchen. Draußen fror ich noch mehr, und ich musste wieder an Elin denken, die mir vorkam wie der einsamste Mensch der Welt. Dabei hatte sie nicht unglücklich gewirkt, sondern sehr ruhig, als sei sie ganz mit sich und ihrer Umgebung in Einklang. Ich fragte mich, wie sie die Leere der langen Tage ausfüllte. Sie schien keine Bücher zu besitzen, keinen Fernseher, kein Telefon, nichts, was sie mit der Außenwelt verbunden hätte. Schon als Kind hatte ich die Sonntagnachmittage kaum ertragen. Noch heute fürchtete ich sie und nahm an den Wochenenden wenn immer möglich Arbeit mit nach Hause oder fuhr sogar ins Büro, um meiner stillen Wohnung zu entkommen.

Unsere Büros lagen in der Nähe des Rotlichtviertels, wo sich alle möglichen dubiosen Gestalten herumtrieben. Unten auf der Straße stritten sich zwei Männer, sie schrien sich an in einer unverständlichen Sprache. Kurz darauf hörte ich das Heulen einer Polizeisirene, das sich näherte, und ich ging wieder hinein und arbeitete weiter. Auf dem Nachhauseweg machte ich den kleinen Umweg und fuhr durch das Industriegebiet und an Elins Hütte vorbei. Ich fuhr nur im

Schritttempo, aber ich sah weder Rauch noch Licht, nichts, was darauf hingedeutet hätte, dass sie da sei.

Von nun an fuhr ich jeden Abend bei Elin vorbei, aber nie war eine Spur von ihr zu sehen. Nach einem anstrengenden und frustrierenden Tag Anfang Februar parkte ich den Wagen auf der gegenüberliegenden Straßenseite und beobachtete die Hütte wohl eine Stunde lang. Am Morgen war etwas Schnee gefallen, der erste in diesem Winter. Auf der Straße war er längst geschmolzen, nur an den Rändern lagen noch die schmutzigen Haufen Matsch, die der Pflug zurückgelassen hatte. Aber auf dem Dach von Elins Hütte lag der Schnee weiß und unberührt, wie er gefallen war. Langsam wurde es dunkel, und plötzlich sah es aus, als leuchte er von innen heraus und verwandle diesen verlorenen Ort.

Ich dachte an mein Leben. Seit Ewigkeiten hatte ich keinen Tag mehr untätig verbracht. Ich hatte so viel gearbeitet in den letzten Jahren, dass es mir im Rückblick erschien, als hätte ich gar nicht gelebt, als hätte ich die ganze Zeit auf etwas gewartet, das nie kommen würde. Je länger ich nachdachte, desto reizvoller schien mir die Vorstellung, so wie Elin zu leben, die Zeit vergehen zu lassen, ohne Stress und ohne Ablenkung. Es war so einfach, ich musste lachen. Wie konnte es sein, dass ich nicht früher darauf gekommen war. Ich stieg aus, rannte über die Straße und riss die Tür der Hütte auf, ohne zu klopfen. Niemand war da.

Ich weiß nicht, weshalb ich geblieben bin. Vielleicht habe ich zuerst wirklich auf Elin gewartet. Ich bin in den Garten gegangen, der vom diffusen Licht erleuchtet war, das hier überall ist, ohne dass man weiß, woher es kommt. Die Beete waren leergeräumt und lagen wie Gräber nebeneinander, von den Blumen war nur noch dürres Kraut übrig. Die mehrjährigen Stauden und Sträucher wurden vom schweren Schnee niedergedrückt, und ich schüttelte ihn sachte von den Ästen, damit sie nicht brächen. Immer wieder starteten Flugzeuge über mir. Die leuchtenden Kolosse waren von Wolken aus Dampf umgeben und hatten eine unwirkliche Schönheit. Ich ging in den Vorratsraum und zählte die Einmachgläser und rechnete im Kopf nach, wie lange man davon leben könnte. Dann ging ich in den anderen Raum, zündete die Petroleumlampe an und setzte mich an den Tisch. Ich hatte die Jacke im Auto gelassen, und mir war kalt. Kurz dachte ich daran, im Kochherd ein Feuer zu machen, aber ich kannte mich nicht aus mit Öfen und hatte Angst, etwas falsch zu machen und womöglich die Hütte in Brand zu stecken. Ich nahm eine der alten Armeewolldecken vom Bett und wickelte mich darin ein. Irgendwann legte ich mich hin. Als ich hungrig war, öffnete ich ein Einmachglas mit Apfelmus. Es schmeckte wunderbar, Elin musste etwas Zimt hineingetan haben. Dann legte ich mich wieder ins Bett und schlief trotz des Lärms der Flugzeuge bald ein.

Am Morgen wusch ich mich am Wasserhahn, den ich an der Außenwand der Halle nebenan entdeckt hatte. Zuhinterst im Garten fand ich in einem Bretterverschlag ein Plumpsklo. Der Geruch nach Urin und Kot war betäubend, aber der Ort war sauber, und es gab sogar Toilettenpapier. Zum Frühstück aß ich eingemachte Zwetschgen.

Es wurde hell, und ich dachte kurz daran, zu meinem

Auto zu gehen, um meine Jacke und das Handy zu holen, aber es war mir unmöglich, es kam mir vor, als würde ich dadurch den Zauber dieses Ortes brechen und den ersten Schritt zurück in mein Leben machen. Also hängte ich mir wieder die Wolldecke um die Schultern und ging in den Garten und beobachtete die Vögel, die Körner aus den verdorrten Sonnenblumen pickten.

Ich frage mich, wie lange es dauern wird, bis sie mich hier finden. Wenn ich nicht ins Büro komme, wird mein Chef versuchen, mich anzurufen. Vielleicht wird er jemanden bei mir zu Hause vorbeischicken. Nach ein paar Tagen werden sie mich als vermisst melden, und es wird nicht lange dauern, bis die Polizei das Auto entdeckt. Sie werden die Umgebung absuchen, es ist nur eine Frage der Zeit, bis sie hier auftauchen. Aber das alles kümmert mich nicht. Ich bin ein freier Mensch, ich laufe nicht mehr davon. Ich warte.

Ich werde versuchen, ein Feuer zu machen im Ofen, um Suppe aufzuwärmen. Vielleicht kann ich die paar Stellen im Dach ausbessern, an denen das Wasser hereintropft. Wenn der Schnee ganz geschmolzen ist, werde ich im Garten arbeiten. Es gibt viel zu tun. In der Holzkiste neben dem Bett gibt es Saatgut und Steckzwiebeln, und die Kartoffeln im Vorratsraum haben lange Triebe gebildet.

Ich glaube nicht, dass Elin zurückkommen wird, aber das spielt keine Rolle. Sie war bestimmt nicht die Erste hier. Sie hat jemanden abgelöst, so wie ich sie und wie jemand mich ablösen wird. Die Hauptsache ist, dass dieser Ort nicht aufgegeben wird, dass jemand hier ist und sich um den Garten kümmert.

Nachweis

Der Verlag dankt folgenden Rechteinhaber:innen für die Genehmigung zum Abdruck:

Astrid Rosenfeld (1977, Köln)

Zulas Lieben. Erstmals erschienen 2016 als Originalbeitrag in der Diogenes-Anthologie *Geduld ist alles.* Copyright © 2015, Astrid Rosenfeld.

Meir Shalev (1948, Nahalal–2023, Nordisrael)

Geduld. Aus: ders., *Mein Wildgarten.* Copyright © 2017, Meir Shalev. Copyright der deutschsprachigen Ausgabe © 2017, Diogenes Verlag AG Zürich. Aus dem Hebräischen von Ruth Achlama.

Vladimir Sorokin (1955, Bykowo bei Moskau)

Die Schlange. Auszug aus dem gleichnamigen Roman. Erschienen 1990 im Haffmans Verlag, Zürich. Copyright © 1985 by Vladimir Sorokin. Copyright der deutschsprachigen Ausgabe © 1990 Erben Peter Urban. Aus dem Russischen von Peter Urban.

Peter Stamm (1963, Scherzingen)

Elins Äpfel. Aus: ders., *Der Lauf der Dinge. Gesammelte Erzählungen.* Copyright © 2014, S. Fischer Verlag, Frankfurt am Main.

Beat Sterchi (1949, Bern)

Das Kreuz über dem Dorf (Titel von der Herausgeberin). Auszug aus: ders., *Capricho.* Copyright © 2021, Diogenes Verlag AG Zürich.

Leo Tolstoi (1828, Jasnaja Poljana – 1910, Astapowo)

Der Antrag. Auszug aus: ders., *Familienglück.* Copyright der deutschsprachigen Ausgabe © 2018 Dörlemann Verlag AG, Zürich. Aus dem Russischen von Dorothea Trottenberg.

Ror Wolf (1932, Saalfeld/Saale – 2020, Mainz)

Die Konferenz (Titel von der Herausgeberin). Eigentlich: *Weiter mit Musik.* Aus: ders, *Das nächste Spiel ist immer das schwerste.* Copyright © Schöffling & Co. Verlagsbuchhandlung GmbH, Frankfurt am Main 2008, S. 111–118.

Jens Wonneberger (1960, Großröhrsdorf)
Sturer Hund (Titel von der Herausgeberin). Auszug aus: ders.,
Sture Hunde. Copyright © 2011 by Steidl Verlag, Göttingen.